U0012836

那一天，我追的歐巴成為了罪犯

성덕일기

吳洗娟——著
手羽先——譯

臺灣版序

因為拍了一部電影而寫下的這本書，居然比電影更早抵達臺灣，讓我實在好奇，這個故事會對各位讀者造成什麼樣的影響。

《那一天，我追的歐巴成為了罪犯》是一本有關紀錄片《成粉》的散文，為了談論這本書，當然要先說說電影。《成粉》正如片名所示，講述了一個粉絲喜愛的偶像明星在某一天成為了罪犯，而陷入人生的混亂中。她因此開始尋找其他像自己一樣，成為了某個人的粉絲最後卻受了傷的人，展開一段前所未有的探索旅程。而那個粉絲就是我，這是一部充滿我的故事的散文式電影。

我在人生中喜歡過很多事物，甚至因為太喜歡電影，以至於最後成為了我的職業，甚至還曾考慮要不要去臺北——那個我曾在夏天造訪、讓我印象深刻的城市留學。在寫這篇文章的此時，是我在紐約漫長旅行的最後一天，這個城市也將成為我「喜愛事物清單」的其中之一。

我的青春期就像很多人一樣，熱烈地愛著螢幕上的偶像明星。只可惜他已經從我的「喜愛事物清單」上消失很久了，因為他後來成為我拍攝電影《成粉》的理由。

當我們喜歡某個人或某項事物時，那種無可取代的快樂實在是筆墨難以形容。它能成為讓我們忍受今日的艱難、期待明天到來的力量，就算再苦，也足以讓我們笑出聲音。但是，因為太喜歡了，有時候也可能受到更大的傷害，讓人忍不住懷疑是不是曾經有多幸福，之後就會有多不幸。

閱讀這本書的你，會想起誰呢？那個你曾經喜愛、尊敬、支持的那個人。如果你的摯愛已經從現在式變成了過去式，想起他還會令你有點心痛的話，我感到很遺憾。但我希望你在闔上這本書時，能夠以愛和微笑告別那段傷心的歲月，並再次獲得喜歡上別人的力量。

雖然愛上一個人是很難不受到傷害的，但我真誠的希望，以後的我們都能少受一點傷。

繼續相信愛的力量

吳洗娟寫於紐約

二〇二四・三

CONTENTS

Chapter 2 那些屬於我們的故事

Chapter 3 關於成粉，我還想說……

作者的話

電影拍攝期間的日記大多是在晚上寫的，那些因諸事不順而抱頭苦思的夜晚，因後悔而輾轉反側的夜晚，暗自下定決心的夜晚，籌畫拍攝工作的夜晚，發著呆的夜晚，悲傷的夜晚，還有非常偶爾地、檢視自我的夜晚。在其他人都為工作奔走的白天，有趣的事實在太多了，這種時候我實在很討厭坐在書桌前，但一到夜晚，我就會坐在書桌前提筆書寫，或躲在被窩裡抓著小小的手機打字。文章通常以回想或反省過去的事為開頭，大部分會以對未來的小小期待作結。即使整天下來沒有一件事是滿意的，我也能透過這種方式來安慰自己，讓我內心好過一些，得到好像還能再努力一下下的力量。

與紀錄片《成粉*》[1]一起度過的一切，都是第一次經驗。從準備企畫案、嘗試爭取製作費、扛著攝影機腳架到處拍攝、訂下主題訪問朋友、去法院……然後花數百小時與剪輯軟體大眼瞪小眼，也收到夢寐以求的影展邀請函，直接與觀眾分享拍攝的點點滴滴。接著，甚至以電影導演的身分上電視，將電影送到我自己去不了的遠方，收到無法回報的應援與愛，甚至還讓一本書問世。當然，這也是我第一次寫「作者的話」，所以才如此事無鉅細地寫。

電影《成粉》是一個為了坦誠而努力的故事，我也是在拍攝過程中才了解到，想要擁抱彼此、撫慰自我，必須經過一番掏心掏肺。這段旅程差點變成充斥著憤怒與失敗的一段紀錄，但幸虧有友情及同溫層的共鳴做為裝飾，我才能在這些陌生的初體驗中，得以承認「喜歡的情感」所帶來的力量，甚至吐露了原本想隱藏起來、不讓他人知曉的部分。透過這本書，我嘗試毫無保留地寫下那些深刻的傷痕與其他東西、如今已消逝的愛，以及幾經波折終於完成的這部電影處女作的一切。

我想感謝給予我第一次出書的初體驗，讓我真能以這次初體驗為《成粉》畫下句點的yibom出版社代表高美英，讓我體會到被校稿的喜悅的編輯鄭善才。也謝謝一起製作這部電影的工作人員與參演者給予我的支持與勇氣。還有，我想對欣然成為我第一號粉絲的家人說，我愛你們。

這篇文章一樣是在晚上動筆，並在隔天的夜晚來臨前完成。希望各位在任何時刻都能放鬆閱讀本書，也希望這本書可以為各位稍微帶來一些力量，會令人產生想成為「成功的粉絲」的念頭。

二〇二二年秋
吳洗娟

1 編按：本書標注「*」為追星文化相關用語，請參考 P.239 之相關用語整理。

CHAPTER 1

成粉日記

我從未想過將日記、拍攝計畫和筆記彙整起來，
正好藉此重新整理了這些拍電影時的文字碎片，
還有那些已逝去，與不斷到來的時光。

拍攝計畫書

日期

2019.07.16 上午 10 時～

（公開審理開庭時間：下午 2 時 10 分，結束時間未定）

場所

首爾市瑞草區首爾中央地方法院

（教大地鐵站、教大站 3 號出口、首爾中央地院入口等）

內容

鄭俊英、崔鍾訓涉嫌違反性暴力犯罪處罰相關特別法（特殊準強姦）遭羈押起訴，刑事庭首次開庭（合併審理）

拍攝內容

① 前往法院的火車、火車疾駛進入黑暗隧道時忽明忽暗的發光物體 or 窗外風景

② 指引法院方向的標示等

③ 空無一人的首爾中央地方法院入口

④ 隨著時間流逝聚集的記者、擠滿人的畫面

⑤（雖然可能拍不成）在法院前守候的崔鍾訓與鄭俊英的粉絲

⑥ 進入法院的鄭俊英與崔鍾訓（以自己的方式認真記錄這個場景，比拍清楚他們的臉更重要）

⑦ 等待他們出來的人

⑧ 審理結束後，鄭俊英、崔鍾訓離場的樣子

⑨ 時不時拍一些現場、風景做嵌入鏡頭

⑩（如果在尚未進行管制前提早抵達）法院 311 號入口

導演意圖（旁白素材）

這是 17 歲以後，第一次踏上去見他的旅途……

2019.07.16.

那一天，歐巴成為了罪犯

十七歲以後，第一次踏上去見他的旅途。曾經那麼喜歡抬著下巴拍照的那個人，如今在相機面前抬不起頭來。那些過去在音樂節目、綜藝節目對著他閃爍不停的相機與大砲*，被稱作站姐*的粉絲手上的相機都消失無蹤，如今拍攝他的，只剩下新聞記者的鏡頭。

過去在鏡頭前比誰都落落大方的他已不復存在，現在的他只是低著頭、不斷重複著道歉。以率直個性受到大眾喜愛的他，在記者失序紛雜的提問中無法給出任何明確的答覆。這裡沒有我愛過的那個人了，他已經不再存在任何地方了。曾經是我的偶像，對青春期的我的價值觀造成莫大影響的那個「自由的靈魂」，現在連頭都抬不起來，雙手也無法自由行動。他曾是會在專輯上為我簽名、寫下「認真念書，好好盡孝，我會一直為你歌唱」的歌手，但現在只是個失去工作的人。因為想用自己的雙眼看看那個人的樣子，用自己的雙眼看看我的前本命*，我踏上前往法院的路。

我本來打算在法院外拍完素材就安靜地回家，結果卻在法院西館發現發放旁聽券的指示牌。又不是簽名會或公開錄影，竟然還有旁聽券。上午十一點多抵達法院後我到處晃了晃、抽了個菸，餐廳員工問我今天誰會來，我回說鄭俊英會來，他們說「啊，俊英啊」。

那個人的粉絲大多是女性，雖然可能有些以偏概全，但總之他是因為這些女性粉絲的支持才能爬到如今的位置。不僅如此，各種音樂節目跟頒獎典禮等活動，採計粉絲簡訊投票的比重都很高，從這裡可看出，藝人絕對不能忽視粉絲的重要性，但這些人卻犯下了厭女罪行。

彷彿什麼傳染病似的，在群聊事件[2]開始審理前，已經接連爆出一連串性暴力、非法拍攝事件，法院跟媒體曾就相關犯罪受害者提出具體數字，但這並不是用數字就能計算的問題。

那些曾對他傾注無限愛意到甚至快影響現實生活的粉絲，也該得到他的道歉，但他連一次都沒有向粉絲道過歉。更令人難過的是，現在就算聽到道歉，好像也只會想起「我去裝裝樣子道個歉再回來」這句話了[3]。

2 鄭俊英於二〇一九年三月被揭露利用聊天群組流傳非法偷拍影片、貶低女性等言論，群組中也有其他藝人參與。

3 鄭俊英在聊天群組中說過的話。

2019.09.20

兩度登上熱搜關鍵字第一名

我到現在都清楚記得，當看到那個名字登上熱搜關鍵字第一名而心臟緊縮的感覺。那種經驗在我人生中只有兩次，二〇一六年跟二〇一九年。二〇一六年那次[4]我雖然不相信他會犯罪，仍無法馬上將注意力放回自己手上的事，從自習室落荒而逃。當時的我非常傷心，我的歐巴＊明明不是那種人，他什麼都還沒說，為什麼大家就開始咒罵他！他都還沒發表任何立場，為什麼就必須被當成罪犯看待？實在是太令人鬱悶了，我認識的歐巴明明就不是那種人。

朋友都很擔心我，但沒人能感同身受。只有和在演唱會跟簽名會見過很多次後熟起來的琅彬一起時，我才能真正吐露心聲，感受到還有人理解我的悲傷，心裡也才舒坦些。但這並不代表我們就有能力做什麼，除了焦急地等待經紀公司發表官方立場，別無他法。在度秒如年的等待煎熬中，想到不是只有我心急如焚，其實也滿安慰的。

幸好那天的結局可說是皆大歡喜，鄭俊英開了記者會，親自出面說明調查結果是無犯罪嫌疑，還低頭道了歉，我終日惴惴不安的心彷彿得到了補償。就算他已經宣布退出固定參與的綜藝節目，還要前往遙遠的法國旅行，但都沒關係，因為我知道他會回來，他還是我認識的那個鄭俊英。

二〇一九年就不一樣了。他沒有出面做任何表示，因為公諸於世的那些證據已證明他犯下的錯，也沒必要再多說了。一直被我視為偶像的他，在聊天群組中與朋友的那些對話實在令人難以啟齒。那些厭女、侮蔑女性的行為所燃起的怒火，將我們共同的美好回憶都燒成了灰燼。

我那些熾熱的回憶在瞬間全都變成了黑歷史，真是太可悲了。

4 於二〇一六年遭前女友指控非法拍攝私密影片，之後被法院判無犯罪嫌疑。

2019.09.30

大家都叫我休息

有些事能靠時間解決，但也無法直接撒手不管。仔細想想，這段時間我幾乎沒有好好休息過，甚至不曾讓自己停下來。我本以為這樣才是對的，人生就是要如此，但不久前朋友說很擔心我太累，反而因此錯過長久以來累積的、真正熱愛的事。

大家都叫我休息，但我其實不知道該如何休息。心靈受傷了要如何恢復呢？我清楚知道這道傷痕根本毫無癒合跡象，我只是一直忍耐著、隱藏著傷痛，一邊假裝看不見一邊埋首於工作中。這樣的工作效率當然一點都不好，只是覺得大概也就是這樣了，反正還是得繼續做事。

我知道自己為什麼變成這樣，但就算原因消失了，造成的創傷也無法抹滅。究竟還需要花多少時間才能讓這道傷稍微恢復一些呢？休學真的是解答嗎？我究竟要痛苦到什麼時候？折磨若永無止盡，過程中會有足以抵銷痛苦的回報嗎？這些回報又會是誰創造的？我明白只有我自己，所以我更不能休息。

2019.10.01

周邊告別式

群聊事件曝光後過了六個月，在桌子一角堆積如山的周邊＊，對我而言已是一堆垃圾，但我還是無法輕易丟棄。因為我所收藏的不只是雜誌、專輯、簽名、月曆或貼紙，不能單純像丟棄用不到的東西那樣看待，那些經年累月積攢下來的是蒐集時的心情、花費的時間與各種執著的心理，丟棄這些，無異於一口氣埋葬了一段歲月。雖然已經不能拿來炫耀，甚至不想再拿出來看，還是無法說丟就丟。

丟掉東西雖然不代表也丟棄了那段回憶，

依舊是非常難的一件事。把這些東西統統拿出來細細打量時，彷彿能重新回到那段時光，但心中同時也會湧上罪惡感，非常微妙。回憶起一段熱愛某個人的時光，為什麼要感到罪惡呢？應該怨恨著舊愛的我們，連懷念那段時光都得小心翼翼，實在太可悲了。

2019.11.10

那些熟悉的風景

粉絲文化在生活中隨處可見，到處都能看到藝人生日的應援廣告，尺寸比一般廣告商品還大的偶像臉孔，藝人（或藝人父母）經營的咖啡店或餐廳前大排長龍的隊伍，用天文望遠鏡般的大砲拍攝本命、跟著藝人行程到處跑的站姐，還有站姐們辦的照片展。

韓國最大售票網站會因為演唱會門票開賣而大當機，高尺巨蛋的周邊交通也會因擠滿粉絲而癱瘓。掛上藝人名義的不只有鉅額捐款，還有森林、路名，甚至天上的星星。

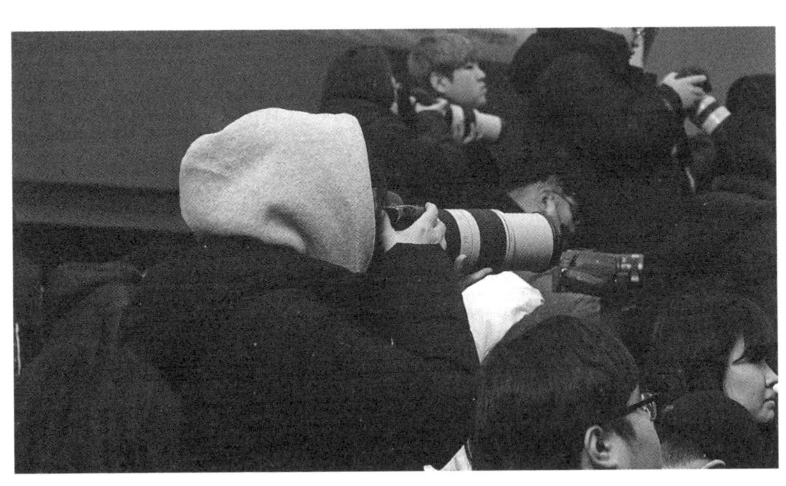

某經紀公司在江南正中央開設的「追星聖地」——偶像周邊商品旗艦店，每天都有無數粉絲前往朝聖。掛上直播、公開錄製的各種音樂節目就更不用說了。

追星已經融入我們的日常，就算不曾為誰著迷，就算沒有認真追過星，生活中也不可能完全不受粉絲文化的影響，所有人都牽涉其中。

2020.01.01

選擇二〇二〇

新的一年總是會被賦予一些意義，除了新年第一天正好適合當作擺脫壞事、重新出發的起點，我也將今年視為正在製作的電影的一大轉捩點。好像有點可笑，但也因為這樣，讓我產生一定要在今年完成電影的野心。

放下這些野心吧，洗娟哪……不過實在是做不太到。

我換掉用了超過三年的手機，用三萬韓元買的索尼頭戴式耳機也換成了價值三十多萬韓元的 Beats 頭戴式耳機。三三三……這樣說來，今年要是可以拿到三千萬韓元的製作補助就好了（後來真的拿到了！）。

拍電影真的要燒很多錢，得到了一大筆錢，轉手就又花出去了。每次真切感受到這點時就會被無力感席捲全身，再次體認到沒半毛錢卻到處嚷嚷著要拍電影的自己實在有夠天真。自從曉得製作一部電影需要多大筆的金額之後，我對金錢也變得更加執著。雖然我不是多窮酸或一毛不拔的人，但錢總是越多越好嘛！雖然經常要思考錢的問題，但要說已經變成很現實的那種俗人，我還差得遠了，總之就是這樣。

要拍電影又沒錢，就不得不依賴補助，韓國對紀錄長片的製作支援系統很完善，讓我也隨之受惠。真要說些什麼的話，就是每次要求的方式跟程序、資料、內容都不一樣，原本應該投入在作品開發上的時間，卻因為要花時間寫企畫案與製作預告片而被迫瓜分，讓我很難過。有製作夥伴時明明也都是自己完成的，但最近不知為何總是力不從心。雖然感覺有進展，卻總會想只有我自己做的補強有什麼意義呢。

得到製作補助時，還是會不安，對自己的懷疑不斷滋長，感到痛苦。可是如果補助名單上沒有我的名字，又會很受傷，明明我並沒有覺得這部作品一定會受到好評，還是忍不住失落。

總之，雖然拿不到補助就拍不了電影，但拿到補助又像是種阻礙。這就是選擇，看是要艱困地集中在作品上完成電影，還是要花時間在繁雜的程序上拿到補助。老實說我並沒有什麼選擇空間，沒有錢還想要只專注在作品上是不可能的。沒有租借設備的錢，光是專心又做得了什麼？連可以專注的對象都沒有吧。尤其我在沒有製作人的狀況下必須包攬所有行政、會計工作，要拿到補助其實相當吃力。但製作人也不是我說要找就能輕易找到符合心意的人選，我也沒信心能負擔僱用專業人員的費用。只要有人能跟我輪班，我就很滿足了，這樣身兼多職下來，我反倒覺得自己比起導演，可能更適合當製作人，只是很累而已。

好想把電影拍好，尤其想把這部電影拍好。因為這樣的野心，好像也產生了相應的努力與熱情，但才能跟實力跟不上怎麼辦呢？不管了，我還是打算努力看看。

只是真的好難啊！

2020.02.13

就像在單戀

拍攝工作因各種原因暫停了滿長一段時間，雖然沒有休息的感覺，但很久沒碰攝影機了，還是讓我莫名緊張。不知道是不是因為這樣，我身體不太舒服，肚子很痛，希望明天早上可以恢復正常。

點子總是源源不絕地冒出來，但要怎麼拍才是問題。該省略什麼、該放入什麼、這樣做可以嗎、那樣做不行嗎……各種思緒讓我一個頭兩個大，甚至興起想拋下一切逃亡的衝動。可是一旦開始拍攝，我又能感受到樂趣，剪片時還會自己咯咯笑，我也很喜歡放預告短片給別人看，聽取他們的意見。

無法放棄的電影就像單戀一樣，只有我獨自飽受折磨。製作電影真的難到讓人想罵髒話，感覺隨時都會放聲大叫，啊——！但也因為困難，就更想嘗試了。希望我能一直做電影，也希望我能好好把現在正在製作的電影完成、放給大家看。

2020.02.13

書寫與創作的資格

某個批評A電影的人說，那個導演根本沒有親身經歷，是光憑想像拍電影的騙子；也有人說，用男性視角述說女性故事的B電影太過陳腐，這些意見都讓我不停地點頭思考。

如果不想拍出像A一樣的電影，就必須寫出我自己經驗過的故事嗎？那如果寫的是無法經歷的故事怎麼辦？訪問取材或是看書、看電影，好好做功課就可以了嗎？要是做了很多努力還是行不通呢？創作只能依靠想像的故事或電影就不行嗎？好像也不能這樣說。

如果不想拍出像B一樣的電影又該怎麼做呢？如果身為女性的我想製作以男性為主角的電影，或是想描寫的男性完全跟身邊能觀察到的男性都不一樣的話，那該怎麼做？如果故事是描寫一個完全出自我想像的男性的話會如何？

這個問題說起來其實也可以很單純，電影本來就是虛構的，哪有什麼不行的？當然都可以啊！但很奇怪，我就是會煩惱這些問題，因為這不只是素材或內容的問題，態度也非常重要，從電影就能感受出處理素材的人的態度。

我這個人，可以寫出什麼樣的故事呢？雖然沒有人說製作電影或創作故事得具備什麼特別的先決條件，我還是忍不住會去想。

不傷害任何人，不去斷言誰錯了的電影。

不管是什麼，只要認真去做就好了，幹嘛煩惱這個，笨蛋吳洗娟。

2020.03.11

自我介紹

去年夏末，我和某人有過這樣的對話。

「導演的電影感覺真的很有趣，但還是有令人擔心的地方。首先是導演您並沒有拍攝長片的經驗，試看影片雖然很有趣，但跟製作長達兩小時的電影節奏還是不太一樣的。另外，想請教一下導演您今年幾歲呢？」

「二十一歲，哈哈……」

「哇，真的很年輕呢，大學還沒畢業吧？」

「才入學一年半而已，哈哈哈。」

「對呀，所以要駕馭長片可能會有點困難喔。如果再多學習一陣子、或是多累積一些作品後再來拍長篇，會不會比較好呢？畢竟您還年輕嘛，我覺得洸娟導演是個很棒的人，《成粉》也是很好的主題，所以才這樣說的，您懂我的意思吧？」

在那之後即使又過了一個秋冬，我仍舊沒什麼改變。多接了幾個家教，看了數十部電影，感嘆其他導演的才華或發出嫉妒的咒罵，開始學中文（但學了兩天就放棄），我還找了工作室，即使只有自己一個人也不慌不忙地為了拍攝奔波，甚至還嘗試限制碳水化合物的生酮減重，但失敗了。

現在的我仍然是第一次拍長片，也沒有像樣的作品，雖然過了一年長了一歲，獨自拍電影仍然相當吃力。但拍電影不是「有經歷優先」的事，所以我不會氣餒，我相信現在正在製作的電影對未來的我而言，會是相當珍貴的履歷。只有二十歲出頭的吳洗娟才能拍出的故事，一定要現在就進行。拍電影對任何人來說都很難，但也是因為這樣才有趣，我不打算放棄。

有些人為「初生之犢不畏虎的我」感到心疼，有些人認為我「毛都還沒長齊」而看輕我，有些人為「認真的我」加油，也有人說我「很聰明所以一定會成功」，他們都認為我真的很愛電影，我真的非常非常喜歡拍電影這份職業，也喜歡鑽研電影的人生。

瘋狂苦惱、拿起攝影機、嘗試連接場景的一切過程都很珍貴，因為太珍貴了，所以不想結束。我能做的只有用成品來證明，為此打磨的時間有多漫長，我就有多享受。我會盡全力讓我的真心不付諸流水，成為令人自豪的電影迷，希望《成粉》可以作為我當成功電影迷的第一步。

2020.03.26

根本不想看到

看到還能若無其事地喜歡他的人，我就覺得害怕。明明就有受害者，他明明就是個性犯罪者，怎麼還能對他心懷憐憫、還想見到他、還能繼續當他的粉絲呢？為什麼會覺得加害者更可憐呢？就算真的這樣想，那在自己的日記上寫一寫就好了吧。我看到那些在公開留言板上的發文，說自己還放不下的人們互相取暖，一邊說著沒關係、一邊自欺欺人地喜歡他。

我現在連他的照片都不想看到，更別說聽他的歌了。

2020.04.04

情感消耗

電影越拍下去，越覺得感情快要被消磨殆盡。

因為全身心投入這部電影，會有這樣的感覺很自然，但也因為這部電影與我個人的關係密不可分，這種感覺也更加嚴重。

我現在仍對「追星」這個詞的反應很敏感，也持續關注每次訴訟的相關消息，但我實在不知道自己還能對這看不見盡頭的事件發展保持關注到何時。我不是想卑鄙地逃跑，而是實在無法將正在拍的電影與自己的生活區分開來。我也無法理解對於再去追別的星會感到莫名自慚形穢的自己。

我對這部電影總是太感情用事了。好難啊。

2020.04.18

無罪的罪惡感

從二〇一九年五月第一次開始寫企畫書，《成粉》的拍攝工作準備至今已經過了一年，發生了許多事，也進行了近二十次拍攝，但還有很多東西沒拍，還有很多問題沒解決。

在N號房事件浮上水面的同時，鄭俊英涉嫌性交易的案件只透過書面審判，被罰了一百萬韓元。一百萬韓元，我最近兼家教一個月就能賺兩百五十萬，一百萬真的是可以讓人認知到自身錯誤的金額嗎？不是吧，不是這樣的吧，真是鬱悶。雖然訴訟仍在進行中，可以再等等看，但一審也才判了六年，也不太可能判更久。琨彬說她追星追了七年，我大概五年，鄭俊英六年……啊，其實不用待那麼久就能出來了，真可笑。

拍電影時我想，希望這部電影不要傷害到任何人，不要讓人難過、不要使任何人受到嘲弄，就算那個人是犯罪者也一樣。就算我每天邊看新聞邊罵髒話，罵這些人混帳、壞蛋，我還是覺得電影不能這樣拍，因為我不是為了說這些才拍的。

但最近，我開始不太確定這樣的想法到底對不對。那些勇敢的人不畏身邊的威脅，為了自己、為了女性、為了更好的世界高聲呼喊，我拍的這部電影會不會其實是在開倒車呢？汽車排檔桿如果放在中間打空檔，車就會後退，我現在不是就像為了保持中立而打空檔開車嗎？好可怕。

靠著向大眾販賣形象賺錢維生的明星開始一個兩個……不、是十幾二十個地出現在新聞社會版，原因是犯罪，其中也包括性犯罪。群組曝光、性暴力、性交易、性騷擾，什麼壞事都做盡了。老實說真的太痛苦了。如果不是被檢方公開身分，我這輩子都不會知道「博士」長什麼樣子，面對這種人跟面對占據我半數青春時光的鄭俊英，怎麼能一樣。所以很痛苦。

我不是要幫那個人建立什麼形象，畢竟那個人所有的形象都是虛構的這點，也是最讓粉絲難過的，關於他的一切都是為了掩蓋真面目的假象，要馬上接受這件事實在不容易。我最感痛苦的是，我不想相信我喜歡你的所有理由都是假的，但在你的一切都被否定的狀況下，我根本無從判斷什麼能相信、什麼不能，實在是，又困難，又痛苦。

我的罪只有太愛你，但為什麼我還是會感到自責呢？只要是有名氣的明星，很容易能看到他們私下外出被目擊的消息。即使是一般人的社群帳號上傳的內容，只要出現了歐巴的臉，就會馬上被粉絲傳到各種社群網站上，就算只占團體合照中一個小小的角落，我們也都想看看。如此一來，那些不斷出現的一般人對我們而言也慢慢熟悉了起來，啊，這些人是歐巴的朋友。

但我真沒想到我會在法庭上看到這些人的臉，這讓我感到荒謬又心如刀割。即使一起站在法庭上的五個人中只有一個人是廣為大眾所知的明星，但全都是我早就認識的臉，他們每個人的名字對我而言是如此熟悉。我能說我真的對這一切一無所知嗎？我突然產生這樣的想法。

聽到他們一起傳出負面傳聞時，我是不是只是一味地否認，我是不是不想知道，是不是不打算知道，還是，明明知道卻假裝不知道呢？那麼，我算是旁觀者嗎？或者也是加害者呢？

喜歡過他的我，到底算什麼？雖然我自以為無罪、自以為是因自責而痛苦，但我其實可能根本並非無罪。一無所知地喜歡著他的我，自認是受害者，但也說不定其實是個袖手旁觀的人。

好難受，我好討厭我自己。

2020.04.18

舊情仍在

我曾想像過他會不會對我拍的這部電影申請禁止上映的假處分，從電影製作方的角度來看，若發生這種狀況算是大事，但想得太入戲後居然讓我有點傷感。曾經叮嚀我對媽媽盡孝、認真唸書，考上首爾的大學後常來看他的歐巴，會對我做出這種事嗎？我本來是歐巴的粉絲呢，我那麼喜歡你、可以為你做任何事呢。雖然不是要求你必須對我所做的事給予同等回報，但我還是……覺得你太過分了。

我的所有第一次都給了你。為了去演唱會瘋狂唸書，對一天要逛粉絲論壇四小時的我來說，要專心唸書有多難啊，但我還是做到了，因為想見你，因為太想見你，所以做到了。

十五歲的洗娟為了去粉絲見面會，第一次搭了ＫＴＸ。二十歲的洗娟已經考上了首爾的大學，在首爾展開豐富的生活，也經常搭ＫＴＸ往返首爾與釜山，即便如此，還是無法忘掉第一次的經驗。即使搭著火車往返首爾與釜山數十次、數百次，看著窗外風景時總會想起那個時候，那時的悸動、那時的緊張，都不會隨時間消逝。雖然我無法一一記住窗外的哪些風景改變了、哪些依舊，但我記得當時的情感。即使歐巴進了監獄，當時存在我記憶中的情感依然沒有改變。

身邊的人常說我老是只聽或唱一些大叔們喜歡的歌，像是申成佑的〈序詩〉、趙壯爀的〈中毒的愛情〉、金光石的〈成為塵埃〉、The Breeze的〈說什麼才好〉、ＹＢ的〈薄荷糖〉，但這些全都是因為你才知道的歌。所有會讓我邊聽邊哼唱的歌曲，都是你在選秀節目及廣播中唱給我們聽的歌。

我那時大概是太喜歡你了，所以很愛模仿你。我喜歡只穿洗到鬆垮的短袖Ｔ恤配破舊夾腳拖的你，我喜歡在手臂上刺青的你，我喜歡熱愛古早歌曲的你。而我呢，曾經那麼喜歡你的我，曾經想要成為你這樣的人。我用過的四字密碼全部都是０２２１，你的生日，這是我從大概八年前就爛熟於心的數字，現在雖然不再具有任何意義，但這組數字應該會永遠陪在我身邊。每天按下０２２１解鎖手機時，沒有意識到這組數字的我，偶爾也會想應該要趕快換掉這個密碼，但很不容易。

我真的好討厭你，討厭，希望你一定要得到應得的懲罰。

2020.04.29

關於電影

好神奇，聽說我不認識的人常常聊起我。A姐姐說，K老師跟L導演在討論《成粉》這部作品時，為了該不該去太極旗集會[5]、以及這部作品該延伸到什麼程度而爭論。K老師認為如果要說明人們的感情、和那種無法放下的心情，就會先想到朴槿惠，所以應該去；但L導演認為導演本人已經放棄鄭俊英了，沒必要去，應該著重在粉絲的心聲上。

這些意見從很久之前就是一半一半，老實說現在就算覺得煩，還是會感謝有人那麼關心我的作品。謝謝。我了解大眾性的重要，也知道很多人想為我的作品出力。只是，我真的做得到嗎？

5 二〇一七到二〇一八年間，朴槿惠支持者每到週末，就會在首爾市中心舉行太極旗集會，高呼「朴槿惠無罪」。

2020.06.10

追星時從未感到不幸福

聽到「追星時從來沒有一刻覺得不幸福」這句話時，我好心痛。

因為已經達到幸福的目的了，所以就能說正在追星的每個人都是成功的粉絲嗎？真的沒有辛苦又疲憊的追星嗎？還是只是被美化了呢？到底是如何呢。

2020.06.12

突然想看那個人唱歌的樣子

因為很累而早早躺上床的我，想起了有個想看的影片而打開YouTube。突然，真的很突然地，想看看那個人唱歌的樣子，尤其是他參加《Super Star K 4》的時期。

我找了幾個影片來看，看他演唱〈Outsider〉時想起，對啊，我就是因為這樣才喜歡他的，原來是因為他是這樣的人我才喜歡他的。在選秀節目上出現的人有幾個能像他一樣，展現出時髦又自在的魅力。看著影片我又重新感受到，自己以前真的很喜歡這個人的事實，明明已經是好幾年前的歌曲，還是能跟著唱，當時鎖定首播收看的那些節目，至今都歷歷在目。心情真差。歐巴以前長得帥又那麼會唱歌。本來想看看底下的留言，結果心情更差了。不是因為我還喜歡這個人或是想幫他說話，但就是，再怎麼說他都是我曾經愛過的人。

為什麼變成這樣呢，歐巴，到底為什麼歐巴不再是我認識的那個人了，為什麼歐巴被關進了拘留所。就算我考上首爾的大學、考上電影系，這些都沒辦法告訴你了，為什麼會變成

這樣，到底為什麼。

我為什麼沒辦法回頭看以前的日記，我為什麼（就算覺得可笑還是）會去找我以前出現過的影片來看，我好像懂了，我還沒做好心理準備，還沒準備好接受自己曾經喜歡、熱愛過的你，變成社會新聞裡的罪犯。

2020.06.13

I老師

上班途中遇到I老師，運氣真好！我向老師傾訴了最近的煩惱（過度投入感情、粗糙的拍攝、助理導演跟攝影助理人手不足、好好傾聽與整理的能力、架構上遇到的困境等），I老師很認真傾聽，還因為只能給我原則上的建議感到抱歉。但說真的，老師的存在本身對我而言就是很大的幫助了。

所謂紀錄片，與我這個人的人格、人品密不可分，我有多善於傾聽、多善於述說，懷抱著什麼樣的想法，如何彙整人們的故事，這些都相當重要，因此更要好好地延伸思考。老師說，面對人不要像大數據一樣分類，而是要像人與人之間見面交流般去辨別、彙整。也就是說，要從與人們的感情交流中提取需要的部分，放棄不需要的部分，做好選擇與聚焦。只流於情感的電影無法成為電影，關於這一點，我也該好好思索。

雖然拍攝的細節處理很重要，但對電影而言，該設定什麼架構、該如何收尾，這之間經歷了什麼樣的思考與對話也同樣重要，所以對架構的考慮就無法留待之後再說，必須從現在就開始想結構問題。說是這樣說，但好難啊，要這樣拍，還是用那種方式拍？老師說，決定敘事角度很重要，看是要從說話者角度還是從聽者角度，或是兩種並行。這真的是說到我的心坎裡了，能不能扮演好這些角色取決於我的能力，尤其是老師提到的「傾聽」。

老師說，那些善於傾聽的電影直到現在都仍然雋永。因為電影是人跟人一起創造的產物，有些人會說要獨自拍電影，或說要拍實驗性電影什麼的，其實只是因為做不到這些。

「這些煩惱都是很自然的，不要想得太嚴重！」老師向我大聲打氣後就走了。影展預審、特別展解說、電影雜誌專欄，再加上電影評論要交稿，老師預計會一路忙到七月中旬，原本的一頭鬈髮因為沒時間打理都長長了。嗚嗚，等老師忙完我一定要纏著她一起玩。

2020.06.27

關於拍攝的煩惱

久違地在首爾進行了拍攝，雖然已經照平時的方式做好了準備，莫名還是有種漏掉什麼的感覺。首先是攝影機，這次除了平常用的ＮＸ80攝影機，還用了Ａ７Ｓ２無反光鏡相機，但我好像沒能完全考慮到兩臺機器的差異。Ａ７Ｓ２搭配ＰＰ８拍出的色調比我想像中淺跟亮，有點嚇到。本想好好拍攝訪談畫面才同時使用兩臺機器，甚至還拜託娜慧姐來打工幫忙的說。

不知道怎麼形容，大概是有一點可惜吧。收音用的兩個無線麥克風也是不如不用，成果完全不如預期。在日光燈下拍出來的畫面真的不太好看，而且Ｎ80拍起來會一直出現黑線，看起來更糟了。

明和姐說，懂得不要把偶像跟自己混為一談，是幸福追星的第一步。這話很有道理，但大家就是因為無法做到才那麼痛苦啊！到底是為什麼呢，好好奇。她還提到，有人說「不要幫罪犯找藉口」，但這種話其實不適用於在他成為罪犯前就已經是粉絲的人，對我們而言，這些都是長久以來累積的點滴。不過我們都不知道如何才能更委婉地表達這些想法。我覺得明和姐說的這些對我來說實在很有道理，簡直該寫一篇論文。

開拍後，我對於如何去論證及延伸想法苦惱了很久。不用言語敘述，用直接拍出來的畫面呈現，這種方式雖然感覺更困難，但好像更自然。這個不只侷限於女性與青少年、偶像與粉絲的現象，在我們的社會出現的偶像化到底是什麼？對，我想說的就是關於（畸形的）偶像化、粉絲文化。那個人所引發的苦惱不能僅止於憤怒的形式，只以憤怒作結就太無聊了，我也不喜歡，我一定要拍出不一樣的電影，我是認真的。

怎麼創造穩定的製作環境也是個煩惱，哪些需要與工作人員溝通，副導演的新人選要找誰，很多都是未知數，也還不知道該落腳在首爾還是釜山好。但無論如何，我都會忠於我能說的故事，不加修飾、包裝地記錄這段混亂的旅程，以及一路上的所見所聞。要更客觀地觀察我自己才行。

打起精神好好做吧，希望《成粉》能成為一部好電影。

2020.06.29

不要忘記

關於偶像化與粉絲文化的現象。
盡量減少拍攝偶像的相關事物。
拍攝象徵物。
連偶像的象徵都受人仰望（？）的角度！

2020.08.04

木浦

木浦也太熱了吧！這次拍攝真的超累，我至今已經到處拍了很多次訪談，但這次旅程實在讓我無法不想起鄭俊英。

我想起自己第一次認知到木浦不只是印在韓國地圖南部的一個地區名稱，而是個有著美麗海景都市的契機，那是二〇一四年二月二十三日，《兩天一夜》第三季第四百七十九集的美食之旅，也就是那個人上過的綜藝節目。

明明我從來沒去過，腦中卻一直有種曾在這個城市旅行過的錯覺。他在木浦站與民眾進行快速問答，為了吃章魚串與製作組鬥智，與節目成員鬥勇的樣子，我都彷彿是親眼所見般。鄭俊英、鄭俊英、鄭俊英，全都是叫鄭俊英的那傢伙。就沒有什麼跟鄭俊英無關的回憶嗎？為什麼我的一切都跟他有關，真是要瘋掉。

從他那幾乎等於被逐出演藝圈般的引退宣言後，時間已經來到了第二年的夏天，雖然我已經不像之前一樣成天在想他，但還是會在一些小地方下意識地反應，勾起不願回想起的記憶。

前往木浦的路上，我也斷斷續續想起幾年前在綜藝節目上看見的他，那彷彿烏鴉叫的嘎嘎笑聲，瘦得像紙片的身影不斷在腦海中打轉。如果能夠製造出其他關於木浦的回憶，下次造訪木浦時，我就能不再想起那個人、擺脫回憶的束縛嗎？

在木浦見到周周姐，她變了很多，又開始追星了。過去追星時受的傷害就要用新的偶像來治癒，這樣說來，難道一輩子都無法停止追星了？

傷口只會以傷口的形式留存
無法以其他的方式治癒
回憶無法依照時間先後刪除
會無窮無盡的積累下去

2020.08.12

夏夜之思

嗯，想想去年，我真是個風風火火的女子，心與身體都被要立刻開始拍電影的念頭牽引，毫無準備地朝向某處狂奔。但我不覺得這是錯的，卻還是忽略了自己的創傷有多深，只是被當下的憤怒驅使了行動，與懷抱同樣憤怒的朋友們交流。那時的我，總是在前往某處的路上、與人見面、看各種風景，雖然能遏制當下的怒火，但反而變得更加悲傷。

好悲傷，好悲傷，必須厭惡曾經深愛的人這件事，真的太心痛了，非常非常痛。我以為我沒事，但電影越拍越讓我清楚認知，我永遠無法與那個人訣別。心情不好時會聽的歌都是因為那個人才知道的，無論到了哪裡都只會想起與那個人有關的回憶，雖然本來就知道他對我的人生影響有多大，但似乎遠超乎我的想像。我真心覺得，那個人彷彿就活在我心裡。

嗯，我是吳洗娟，無論如何，我都是我自己，但現在的我也是透過遇見的人、透過所見所聞、透過我所愛所恨的一點一滴累積起來的。有些部分的確變了，我不再那麼喜歡那個人，不再支持那個人的人生，不再習慣性的聽那個人的歌，不再為那個人擔心，不再因為思念那個人而提筆寫信，不再期盼那個人認出我。但還是有些部分留存了下來，像是當時的心情，就是難以抹滅也無法丟棄的。

拍電影是件困難又痛苦的工作，當然有其樂趣，但還是很痛苦。我想將我的痛苦公之於眾嗎？好像只是更延長了這漫長的離別。豪氣萬千地開拍的電影，也漸漸讓我的感情占了上風，哈哈。為了完成這部電影，我得要做到想起那個人也能心如止水的程度嗎？明明隨著時間流逝更常想起、更加痛苦，我真的有辦法做到嗎？做不到就無法完成這部電影了嗎？如果不是，我，難道，就只能帶著關於那個人的記憶碎片走下去了嗎？

啊，好難啊，媽的，想好好當個人，就不該再看那些連在 YouTube 上都找不太到的影片，不該再回想那些往日了，現在真的該停止了。

2020.09.17

媽媽的偶像

當我還是個電視兒童時，就常常喜歡出現在新劇中的演員或發新專輯的歌手。這種時候我一定會跟媽媽炫耀，順便大發慈悲地問媽媽有沒有喜歡過什麼藝人，而媽媽的回答總是千篇一律，喜歡的歌手是李文世，喜歡的演員是趙珉基。

當時李文世已經不太出現在我每天定時收看的音樂節目，但在電視劇中仍能經常看到大展嫻熟演技的趙珉基，媽媽經常半開玩笑地說：「珉基歐巴演的戲一定要看啊。」媽媽對某人喊「歐巴」的陌生樣貌總是逗得我大笑。

二〇一八年二月，趙珉基爆出以教授身分猥褻清州大學戲劇電影系學生的醜聞，在一連串受害者的證詞爆料下，一開始表態會以強硬方式因應的趙珉基終於承認錯誤，公開道歉。對鼓起勇氣站出來的受害者的支持聲浪持續擴大，但在那年的三月九日，趙珉基在接受檢方調查的三天前結束了自己的生命。

這起案件因加害者死亡，最終以「無公訴權」宣告結案。在調查開始前選擇死亡的行為並不代表悔過，他的死反而造成了一種最嚴重的傷害，對受害者及身邊的人而言，一輩子都無法抹滅。他在死前曾表示因不符事實的傳聞臆測到處流傳而感到疲憊，某種程度上也是他自己招致的業報，但受害者的痛苦並不會因他的痛苦消失，而利用己身地位、自立為王的他對其他人施加的痛苦，再也無法以任何方式抵銷，因為他已經不在這個世界上了。

只看過趙珉基演戲的我對他並不了解，但因為這起事件，我第一次、也是最後一次對他產生了興趣——雖然不是好的方面。當時我是個剛踏入大學校園的二十歲新鮮人，對這種以死逃避的膽小鬼方式感到憤怒萬分。我從沒想認真想過，他也有粉絲，而且那其中就包括我媽。媽媽甚至還是趙珉基官方網站「珉基村」的村民之一，相當於現在的粉絲後援會會員。

喜歡的人、喜歡過的人沒能跟自己一起成為更好的大人，反而令自己失望、厭惡，這實在很不好受，甚至因為他已經從世上消失，連個討厭的對象都沒有，怎能不感到空虛。

看人的能力也會遺傳嗎？媽媽是趙珉基，我是鄭俊英。巧合的是，趙珉基過世一年後的二〇一九年三月，鄭俊英正好因猥褻、非法拍攝及散播不雅影片、準強姦等罪嫌遭檢方拘留起訴，看著曾為他沉迷於追星的女兒，不知道媽媽又是什麼心情。

2020.09.17

找回重心

電影剛開拍時，我心中只有滿滿的憤怒，一開始只是想有趣地一起洩憤、怒罵、彼此安慰。但隨著時間流逝、與人們交流之後，更多深層、複雜的情感逐漸湧現，我感受到了心痛，失落以及罪惡感。我認為，電影應該要刻畫出這種感情的複雜層次。一個人面對愛過的人，說出口的話絕對不可能只有「去死吧」。但若不想搞到變成二次傷害，就不能表現成對那個人的憐憫，而是要描寫那些喜歡過他的人們的心境，這得非常謹慎地處理才行。

我不愛那個人了，就算他現在淪落到去坐牢，我也不覺得他可憐。不過，我也不希望他去死。就是那麼複雜，但並不極端的心情。將我的變化自然地融入與其他人見面的旅程，這種方式感覺不錯，但用並陳的方式呈現好像也不賴。做出兩個相同長度的時間軸，用同樣的足跡敘述不同的故事，因為在我與人見面、成為傾聽角色的同時，我也聽見了自己內心的聲音，逐漸了解我自己。但比起了解我這個人，更應該讓一般人能了解這些人在想什麼。

不過我現在要拍的並不是一部呼籲大家理解這個族群的電影，我必須牢記這點。就像I老師說的，關於追星這件事要找出這些微妙的部分並加以呈現。不是迷妹＊或追星族這類人們的既定印象，而是「我」所看見的樣貌。還有追星族那些奇妙的心境，說是愛又有點模稜兩可，比起單純的支持反而更接近執著；說是信仰、但跟宗教相比又有點不同的，某種異常的心境。雖然用「異常」這個詞來描述，但並不是要侮蔑他們，而是要真實展現這種異樣的感情，並真心地發問：為什麼會這樣？為什麼要做到這種程度？這些問題或許也得反問我自己，我為什麼會那樣？為什麼會做到那種程度？

「妳還能繼續追星嗎？」

這個問題也許應該反過來問——

「妳能停止追星嗎？」

2020.11.11

玟敬和俊我

「俊我～」

玟敬總是不叫我的名字，而是叫我「俊我」，這稱呼來自我在粉絲論壇「小小心靈」的暱稱「只有俊英是我的世界」。因為歐巴在《Super Star K 4》第三輪比賽中，傾情演唱了Deulgukhwa樂團的〈只有這是我的世界〉，讓我深受感動，才取了這個暱稱。老實說現在看來還滿恥的。

玟敬至今仍會用飽含情感的慶尚道口音喊我「俊我」，就算我大聲要她閉嘴，但其實我並不討厭。

我跟玟敬第一次見面是在一場戶外粉絲簽名會的隊伍中，因為是初次見到從巨濟島北上的玟敬本人，我當時非常興奮。我們同年，住的地方相距也不遠，很快就變熟了。我一個人去巨濟島找玟敬那天，身為一名搖滾歌手的粉絲，我為了在卵石海水浴場賣弄「ROCK精神」而穿上了皮夾克，還帶著木吉他，現在想想，那時應該是有中二病吧，不對，搞不好是瘋了。

當時我在論壇日常留言板發文，也就是相當於現在的社群網站，說我要去找在簽名會上認識的朋友，結果馬上收到一位「小心[6]」的私訊，說他的朋友在巨濟島上有名的飯店當主廚，叫我們報他的名字去大吃一頓。即使從未見過面，這份善意對於同為粉絲同伴的我們也毫不吝嗇。我跟玟敬見面後，互相交換了印有歐巴臉的貼紙跟便利貼之類的禮物，然後拿著吉他拍了認證照，吃完飯也不忘向請客的那位小心表達謝意。

我們一整天都聽同樣的歌，跟著哼唱，談論有關那個人的事，就這樣結束了短暫的旅行。後來我再也沒去過巨濟島，直到去年久違地跟來釜山的玟敬見面，也談到了那個人。玟敬平常總是笑容滿面，只要想起她，我都會先想起她顴骨升天的表

情，但談到這件事時，她臉色變得很凝重。

時光飛逝，將我們連結在一起的他已面目全非，但即使我們無法回到過去、也無法預測未來，現在依舊是好朋友。

6 會員名稱「小小心靈」的縮寫。

2020.11.24
終於完成補助核銷

從今年九月開始……不，其實是從去年冬天就開始被催促的補助金核銷作業，現在終於看到盡頭了，雖說我其實在整理完文件的時候就以為結束了……

分不清勞務所得與事業所得差異的罪
只拿了儲蓄交易證明卻沒拿匯款證明的罪
不知道代扣代繳明細單是什麼的罪
因為明細計算錯誤光是在EXCEL表格上
就花了好幾個小時最後只能向擅長數學或EXCEL的人求救的罪
腦袋空空光發票就拿了七十張的罪
沒有早點影印拖到墨水都乾了的罪

集點集了六元的罪[7]

還有許多族繁不及備載的罪名，造成補助金核銷拖了很長一段時間，那種痛苦……真的……只有經驗過的人才懂！而且其實還沒完全結束，但至少組長要求補充的東西都全部補上了，順利的話，應該這個月底前可以完成。

仔細想來，我雖然從上高中後就放棄數學，但算帳什麼的還是做得不錯。可是這次不僅沒經驗，也不是單純一直扣錢就好，還有退款明細、結算書、信用卡優惠等等，區區幾元、幾十元都要計算，頭簡直要爆了。

不過，一想到現在一切都要結束了，就覺得我……滿厲害的嘛。現在應該已經快成為國稅廳居家報稅服務的ＶＩＰ，不久後應該也會是e國家小幫手[8]的專家。

這次算是體驗到了在瘋狂計算、確認數字的同時又壓力山大的微妙快感，雖然花了很多時間，但好好完成一項工作的感覺就是爽！洗娟啊！別忘了這份心情，我還想體驗到新的快樂。拜託，現在只要把電影拍完就好了，真的求求妳了洗娟啊！

7 編按：此處為趣味仿效韓國音樂劇《英雄》中〈誰是罪人〉（누가 죄인인가）一曲之歌詞。

8 韓國財政部的國家補助金綜合管理系統。

2020.12.05

副導孝貞說

追星有輕鬆的、也有非常深刻的，但每個人的愛都是獨一無二的，不是只有我才最特別。無論是在追星的熱衷程度或時間上，站姐那樣的人所做的多更多，但將自己登場的片段放在開頭，還將電影取名為《成粉》的那瞬間，許多期待也會應運而生，成為束縛。

這不是任何人都能取得的素材，導演您本人是最清楚的。

雖然目標不是在電影院上映，雖然追求完美也很好，但如果這成了電影的阻礙，或是太過度鞭策自己，反而造成不是那麼開心的狀態，我一定不會原諒您。

愉悅感是來自導演本身，以及導演本人的狀態，如果一開始是愉快的，那就不要受傷、愉快地走下去。

我並不是要您放下嚴謹，但我覺得現在的洗娟有點太過頭、太嚴謹了，要是可以再亂來一點會比較好。

果敢的嘗試是必要的，太追求安全反而會失去趣味，那就太可惜了。與其執著於要親手拍下怎樣的運鏡或特寫，有時候也該提醒自己不要顧慮太多，太追求完美才是問題呀，哈。

2020.12.18

警戒線

我是為了什麼、用什麼心情在進行拍攝，對你們而言應該都不重要，因為我已經徹底成為局外人了，是不知道該以何種眼光看待你們的，那種人。

你們絕對想避開的名單中，毫無例外也會包括我。因為跟你們共享相同過去的我，現在已經不被歸類在你們的世界。

從我過去的經驗來看，拍攝他們這件事，或許是一種暴力也說不定。

2021.02.21

0221

雖然無法祝賀你，但我一輩子都不會、也無法忘記這個日子。與你有關的數字與熟悉的日期始終在我腦中盤旋，即使我並不感到懷念。

我懷念的不是你，而是再也不可能經歷的那份情感。

生日快樂，讓這句平凡的祝福再也無法輕易說出口的不是別人，正是你自己，這令我更感苦澀。

你可千萬別死，活著好好贖罪吧。

2021.05.11

此刻的心情

對於完成電影的心情，以及想向人們展現的情感，我又再次進行了一番思考。

這真的是件非常勇敢，卻也令我害怕的事。

2021.07.22

濟州旅行

我買了七月一日去濟州島的機票。釜山影展的參展報名截止日就要到了，但我連剪輯都還沒開始，因為對這樣的自己感到鬱悶又厭煩，我抱著「做一件會讓心情變好的事應該會更認真吧」的想法，就這樣買了票。

真是聽我在放屁。

定下旅行日期的下一秒，我就開始瘋狂找住處、找各種美食餐廳、在地圖上標記想去的地方，整整一個禮拜都沒做半點剪接工作。這真的是那個懇切地想拍出一部電影的我嗎？都火燒屁股了還敢這樣，想臨時抱佛腳也該有個限度，但為什麼，身體就是動不起來呢？難道我的意志力就這麼不足？

其實我本來就是這種人，從來沒提早完成過任何事。牛牽到北京還是牛。就算懷抱著想讓我的作品登上釜山國際影展的遠大夢想，我還是那個不見棺材不掉淚、非要火燒眉毛才會逼自己爬到書桌前的我。

花了三個多小時才好不容易完成初剪，我才發現在將影片剪剪貼貼的期間，離截止日只剩下一週。看著只是把影像剪成一段一段、再東拼西湊地接起來的初剪影片，我都忍不住懷疑這到底能不能算是電影。我本來打算在截止日前至少留兩天來錄旁白，酷暑卻成了程咬金。因為沒有冷氣，在電風扇的陪伴下進行錄音，本來以為不會太明顯的電風扇噪音，存在感實在過於強烈，最後只好忍著高溫，錄一句就停下來擦汗吹電扇，然後關掉電扇再錄一句，這樣反覆下來，原本預計一小時就能結束的錄音直到午夜過後才告終。

總之，我還是拖到截止日當天才匆匆忙忙地交出了剪輯版影片，連續熬了兩晚的眼皮重到不行，但仍能感受到夏日清晨涼爽的空氣——以及一股悲傷。我真的盡全力了嗎？好像沒有。明明那麼懇切地想拍這部電影，最後卻只做到這種程度，我拍出來的電影竟然是這種自己看了都覺得丟臉的東西，真是太悲傷了。到最後一刻都還在摸魚，到最後一刻才在想說如果能多寬限一天就好了，好討厭這樣的自己。懶惰又令人失望的笨蛋，我要怎麼跟如此令人討厭的自己一起度過餘生。

坐上飛往濟州的飛機時，我還在對自己無限埋怨，這趟旅行本來應該是在完成堆積如山的工作後，以輕鬆的心情展開的慰勞之旅，如今卻變成淒涼又充滿自責的旅行。最大的問題是，我實在太累了，不只完全感受不到旅行的興奮，眼睛還因為熬夜而又澀又睏，這趟旅行應該會變成酷刑吧。只是為了不浪費錢，我還是去了。

但是，即便這趟旅程充滿如此多的逼不得已，當我看到飛機窗外逐漸變小的建築物時，還是感到了一些些興奮，心情忽上忽下的實在有點好笑。總之，我竟然一個人去濟州旅行了六天五夜，吳洗娟，妳雖然什麼都做不好，但八字是真的好！

抵達濟州機場後搭上紅色巴士，我一路上都緊緊抱著二十八吋行李箱。其實我也不是故意要這樣，只是沒什麼搭機場巴士或客運的經驗，不知道可以把行李放在車身側邊的行李艙，搞得司機大哥整路一直瞪著我看。我那時坐在最前排，因為不知道該拿行李怎麼辦而慌慌張張的，同時手機還響了，雖然有點擔心司機會不會不爽，但我還是先接起了電話。

「喂？」

「您好。」

「您知道我是誰嗎？」

「……請問是哪位？」

打電話來的是釜山國際影展紀錄片單元的選片人姜素媛老師。難道是因為我交出的電影太亂七八糟，打來問我是不是交錯檔案嗎？這個念頭立刻讓我嘴巴發乾，在腦中不停反問自己是不是剪輯沒做好，還是收音的部分沒處理好……沒想到接下來聽到的是，紀錄片競賽單元想放映我的作品。

嗯？真的嗎？放我的電影？在競賽單元？認真？為什麼？光是確認我就問了大概有七次，因為實在沒想到電影才交出一天就得到那麼驚人的結論，我手在狂抖，說話音量也不自覺變大了，一直從後照鏡看我的司機大哥終於出聲警告我安靜，不然就下車。

所以我就下車了（反正也要轉車）。電話那頭甚至還鼓勵我打起精神，在交出最終版本前要好好完成後期製作。簡直不敢置信，這真的不是電話詐騙嗎？但騙我這個有什麼好處？沒有吧，那就是真的了吧？真的？我？在釜山影展？放映《成粉》？還是競賽單元？

處於超興奮狀態的我在家人群組裡宣布了這項消息，興奮地打了一堆亂七八糟的火星文，還開始發表得獎感言，感謝每天早上打來叫我起床剪片的媽媽，感謝忍受我發瘋、還把房間讓出來給我用的姐姐。不過這兩個人一點都不興奮，好像完全不當一回事。我追問她們為什麼那麼冷靜，姐姐說本來就覺得我會成功，媽媽則是說還沒有真實感。就這樣吵吵鬧鬧地，不知不覺抵達了距離機場一小時的住處。

到了住宿的地方，我還在懷疑自己是不是作夢，多疑的我還傳了簡訊到剛剛打來的電話號碼問：「剛剛說的是不是真的？」好像有點太疑神疑鬼了，所以我稍微把語氣維持得穩重一點。

—剛剛太驚訝了，在電話中大呼小叫的……哈哈，真是不好意思……最近天氣很熱，祝您身體健康、有個涼爽美好的夜晚。

—不會啦，妳意外地滿冷靜的喔。^^

可能因為我當下很努力地按捺興奮，才感覺很鎮定吧，其實我整天的心情都像在雲端一樣飄飄然，甚至興起現在不該待在濟州島，應該馬上坐到電腦前剪片才對的念頭。胡思亂想一陣子後，又開始自我陶醉，我嗎？第一部電影？在這個年紀？簡直太厲害！直到傍晚時分，我望著濟州島的晚霞，又無端湧上不安與擔憂，害怕電影還沒完成我就客死異鄉了，各種念頭在腦中盤旋不去。這趟旅行的意義也太瞬息萬變了吧，本來是慰勞之旅，後來變成反省之旅，現在又成為以不安的心準備迎接未來的旅行。

好笑的是，這趟旅行根本還不算正式開始，只是剛放下行李暫作休息後，不過是吃了個鮑魚鍋配啤酒的時間，我就已經把慰勞、反省和緊張的情緒都體驗過一輪了，如果我可以再少點不安、多點勇氣就好了。

2021.07.24

爬上那座山吧

直到太陽升起我都沒能入睡，哭了整晚的我突然想去爬山，可能是被為了爬漢拏山，凌晨四點就從民宿出發的姐姐們激勵。我查了一下，發現漢拏山有一千九百五十公尺高，也太高了吧！而且好遠，感覺會死在路上……漢拏山對我來說，跟喜馬拉雅山、珠穆朗瑪峰沒什麼差別。

我煩惱了一下要去哪，想起昨天搭巴士時經過的城山日出峰入口站，再查了一下高度，一百八十二公尺，嗯，這種程度還行。但這是峰不是山啊，算了，沒關係，可以爬上去就代表今年沒什麼事能難得倒我了吧。我要爬上去，得到好好完成電影的動力！

雖然不知道爬個一百八十二公尺有什麼好悲壯的，總之我還是在城山日出峰入口毅然決然的下了車。下車後走了好一段路才看到售票處，然後要再走好長一段才會看到上山的階梯。盛夏的濟州光是走在平地就能讓人汗如雨下，雖然很扯，但我真的還沒上山就覺得累了。還是乾脆不要爬了？但是票都買了，如果拿著剛買的票去說我突然不想爬了，會讓我退票嗎？不行啊，你不是說要爬上去才有動力好好完成《成粉》，那沒爬不就毀了？喜歡發這些毒誓的下場就是要自己承擔。

我一階一階走上階梯，老人家比想像中還多，但比起喘到不行的我，他們看來如履平地，穩健地往山上……往峰上走去。家人一起來的人也很多，媽媽跟女兒、爸爸跟兒子、爺爺奶奶還有中年夫婦，之所以能在狹窄的階梯上與那麼多人擦肩而過，是因為只有我一直在路上擺設的長椅休息，比我晚出發的人都超過我了。

大概爬了十分鐘，還沒到半山腰就已經能看見遠處的美麗風景，大海與山、密密麻麻的成片屋舍，還有十足天藍色的藍天。已經爬夠高了，也看到漂亮的風景，非得爬到底嗎？就算我心裡這樣想，身體還是繼續爬，畢竟爬上去電影才會有好結果。就算已經呼吸困難，汗濕的口罩裡彷彿三溫暖，雙腿瑟瑟發抖，但因為我沒有信仰的宗教，只能透過這種為行動賦予意義的方式得到力量。我是如此懇切地盼望，哪怕只有一次也要試著相信，相信粗製濫造的迷信帶來的力量。

我一聲不響地慢慢爬上階梯，終於抵達被稱作展望臺的地方，上面還設置了望遠鏡。從峰頂看到的風景果然更遼闊，到這就結束了嗎？一旁看起來大概八歲的小男孩跟我有同樣的疑問，他問爸爸：「這邊是終點嗎？」

年輕爸爸回答：「還沒，但快到了，從這裡上去就是山頂了。」

還好我有一邊假裝喝水一邊偷聽，老實說我連呼吸都覺得很吃力，汗又流個不停，實在好想放棄。但看著握著爸爸的手、踏著輕盈步伐走上階梯的小男孩，還是咬牙撐了下去。

最後這段路我仍然一邊在心裡罵髒話，一邊咕噥著再高是能差多少，喊了大概有一百次好累，甚至懷疑是爸爸為了把兒子騙到山上才撒謊說快到了啊，原來偷聽人家父子講話會受到這種報應啊，到底一開始為什麼要妄想爬上這座山今年就可以一切順利呢，呵呵，眼睛因為汗都看不清楚了，眼睛好刺，好熱，要死了，現在可以馬上下山嗎……

體感上彷彿過了一個小時（實際大概兩分鐘），出現在眼前的是超乎想像的美景，是會讓我覺得剛剛想放棄的自己實在很不應該的美，就連順著狹窄階梯不斷湧上山頂的人群喧鬧聲都非常美好。我癱坐著，呆呆地望著風景好一會兒才打起精神，開始打量四周，家庭一起來的觀光客很多，讓我有點羨慕，如果我也是跟家人一起來就好了，如果我奶奶也能來這裡看看就好了，想著想著又想哭了。

原本靠坐在角落的我看到一位正在幫先生與兒子拍照的女士，我主動上去搭話說可以幫他們拍。我本來不會這樣的，但就不知為何突然想幫忙。那個正嘰嘰咕咕嘟囔的小男孩，以後看到我幫他們拍的照片應該會很懷念吧。不會的話也沒差啦。那位女士也幫我拍了一張獨照，雖然有點尷尬但心情很好。下山時徹底體會到下山比上山更累這個事實，雙腿簡直不聽使喚，幸好最後還是安全下山了。

應該真的可以做到的，不管那是什麼，雖然只是爬上了小小的山丘，也算是越過了一大關卡吧！嗯，我又開始隨心所欲地為自己的行為賦予意義了。

2021.08.13

大家對我說

在我還理不清頭緒的時候，幸虧遇到了許多為我加油的人，才讓我的內心舒坦了一些。大家對我說的金玉良言我都好好謹記在心，其中最讓我最感動的話是，就算經歷了很多事，我好像還是走在應該走、想要走、而且喜歡的道路上。可惜因為太感動了，有點想不起正確的原句。

以前如果該做的事沒做完就跟人約見面，我心裡總會有點罪惡感，現在反而體認到，透過與人相見可以轉換心情的重要性。

2021.08.27

倒數一週！

打起精神來之後，才發現自己忙到無法打起精神了，真好笑。因為一直反覆重看同樣的東西，視覺彷彿都渙散了，我翻看了一下之前拿來記錄所見所聞的筆記本，看到我寫下「不要著急、一邊享受一邊進行吧，這就是這種電影啊」的句子，莫名又被自己感動。

我在拍這部電影時有多享受，又有多辛苦，這些應該都無法馬上下定論吧。這個夏天匆匆忙忙地開始，又匆匆忙忙地結束了，不知為何滿像我這個人的風格。雖然無關乎加不加速的問題，但時間確實不多，這點很令人煩悶。好悶啊，好悶啊，好不安啊。最近做了很多奇怪的夢，不過人家都說夢是相反的，那應該會有不錯的結果吧，全部的一切。

再過幾天就是九月了，九月。

2021.09.24

我完成了

我本來以為完成這一切的時候，心裡的重擔也能放下，結果似乎並非如此。色彩校正完成了，混音結束了，連DCP[9]都做好了，心裡還是不太踏實。好奇怪，是因為沒有真實感嗎？我目前還沒有「真的結束了」的感覺。已經沒有可做的事了，卻還是莫名感到可惜。我總是懷疑自己、催促自己，我自認都做到所有能做的了嗎？我真的滿意了嗎？這些問題我一個都答不上來，只有滿滿的無力感。除了已經沒有時間，現在我確實能做的都做了，「已經完成了」好像反而讓我更憂鬱，因為這已經是我所能做到最好的結果，是我的極限了。

除了我，我姐應該是看過《成粉》最多次的人，連只有我知道的細微差異姐姐也能看出來。看那麼多次也該膩了吧，但姐姐還是不厭其煩地坐在我身邊，一次又一次地認真觀看這部長達一個半小時的電影。希望讓觀眾發笑的場面，她會毫秒不差的捧場笑出來，每一次都如此，真的讓我很感激也很安慰。

曾有人說，如果無法相信自己，那就去相信那些相信自己的人。對我來說姐姐就是這樣的存在，從小到大跟我的喜好大概有百分之九十九都一樣，能準確抓住我的笑點。我是不管別人覺得多好，自己不滿意就不會滿足的個性，但這次我打算試著相信一次，可以成功的，妳絕對可以成功的！雖然我也不知道是要成功什麼，但姐姐的話和姐姐的愛成功地洗腦了我。

9　目前最常見的電影放映規格，Digital Cinema Package 意思是「數位電影封包」。

2021.10.08

難得的日子

雖然《成粉》在釜山影展首映的日子還沒到，但片單公開後我已經約好多達四個訪談，也接到三家發行商聯繫。聽到大家說很期待這部電影、很喜歡這個題材，人們對這部電影的關注讓我感到很不踏實，總覺得心情不是很好，懷疑這全是假象，哈哈……

要兼顧的東西很多，整理行程也很費力，獲得好的回饋應該是好事，但怕被消費的感覺仍揮之不去。要是只被當作某某的粉絲的話，那我下部電影要怎麼拍呢？

應該會有很多人覺得我這是得了便宜又賣乖，但無論如何我真正的感受就是這樣。哈，被稱作受矚目或話題之作，都令我感到害怕又很有壓力。

我只希望看完之後別罵我就好，拜託。

2021.10.11

寶貴的經驗

這些瞬間我真的一輩子也忘不了。觀眾分享的故事、觀眾的笑聲、放映時席間爆出的嘆息與掌聲，比任何事物都令我深受觸動。

這次寶貴的經驗就像一份大禮，讓我覺得這段日子的辛苦都值得了！此生不知道還能不能拍出那麼受觀眾喜愛的電影，我好幸福。

2021.11.29

粉絲

說起來有點不好意思，但《成粉》在首爾獨立電影節首映那天，我在電影院等待放映時遇到了我的粉絲。

突然想起在釜山影展ＧＶ[10]時，某位男性觀眾提問：「導演跟導演的電影都有了粉絲，以後打算如何生活呢？」

我當時想了很久，最後只是雙腳發抖地表示，「我會好好做人，正直地生活。」畢竟我都拍了這種電影，當然不能讓《成粉》的粉絲產生失敗的追星經驗啊！總之今天遇到的粉絲加上這次，已經是三刷這部電影了，他的名字跟長相我都記住了。

粉絲是什麼呢？雖然我當過很多人的粉絲，但擁有自己的粉絲還是第一次。縱使每次電影播映後都會有人來要簽名，朋友老是打趣說我人氣好高啊、是大明星之類的，但實際上我從來沒把這些人當成我的粉絲。不過今天遇到的這位，真的讓我感覺是位粉絲，曾出現在釜山、光州、首爾的她，竟然說自己住在群山，我問她怎麼追那麼多場，她說自己也是第一次，為了祝賀我得獎還特地從群山買了一大堆禮物來，嗚嗚。

不知道是不是因為看電影前遇到了粉絲，我突然思緒萬千，開始思考我未來該怎麼生活，能為這個人做什麼，甚至是在GV時開的玩笑會讓這個人有什麼感覺？觀賞看過的電影，參加內容大同小異的GV，還跟很愛大驚小怪的我要簽名，他會不會覺得大老遠跑來花費的時間、精力跟錢很不值得呢？

我也因此對這天觀眾的反應不太有印象，心裡沉甸甸的。想到有一位觀眾說，今天開演不到一小時前才從推特收到讓票，趕緊搭了三十分鐘的計程車來，又覺得好心疼啊。那位觀眾還說之前已經在釜山看過電影，但實在很想再看一次，所以又來了。實在是非常感謝，但我的心情還是很沉重。

我在GV時說過：「我認為拍電影時，應該要非常、非常慎重才行。」但比起電影本身，這更像是在說我對工作的態度。擁有粉絲是非常值得感謝又很神奇的一件事，但也有點感到抱歉，哎，好像真的是這樣。

10 Guest Visit的簡稱，指與觀眾面對面交流的映後座談。

2021.12.10

奶奶

我之前跟奶奶說，奶奶要看我拍的電影啊。奶奶回答我，就算我不在了，妳也要好好加油啊。但為什麼真的不在了，奶奶，我好想妳。

2021.12.13

電影上映兩個月

最近除了錢之外還真沒什麼煩惱，彷彿什麼都做得到，沒什麼能讓我害怕。就算有也是不管三七二十一先做了再說。不管做得好不好，好好接受結果再繼續往前才是最重要的，因為時間不會為誰停留，會在分分秒秒間不斷流逝。

隨著時間流逝，我也應該要放下過去。雖然現在無可避免地必須談論過去，但應該想辦法平衡一下，多想想現在及未來。

今年冬天真的很冷，我的心卻是第一次感受到這種足以抵禦寒冬的溫暖。我最愛的朋友們昨天來看電影，順便找我玩……啊，是昨天還是前天啊？也有許多工作上認識的人來為我加油，我真的只有滿滿感謝。

除了道謝好像無以回報了（也不能獻吻），所以我時常在想有什麼方式能傳達我的心意。電影不過才上映大概兩個月，卻讓我覺得已經過了好久好久。我之前聽人家說，上了年紀後會覺得時間過很快，是因為生活中沒有新刺激，照這樣說來，我這兩個月的生活可能跟新生兒沒兩樣。是時候該冷靜想想之後的規畫了，該看的書累積了好多，從這週起要慢慢開始讀了，那應該要另外訂一個讀書時間吧，告別漫無計畫的生活！還是要組個讀書會呢？大家年末一起喝個酒之類的吧！寫著寫著就想睡了。

2022.05.22

單純記錄突然想起的某一天

《成粉》在釜山影展的第二場放映，媽媽跟姐姐都來了，讓我有點緊張，當初就是怕會這樣，所以首映才沒找她們來。電影放映前，我一直跟朋友待在一起，後來媽媽來了，不知為何我莫名地感到害羞。記得當時我手忙腳亂的，媽還一直在旁邊開玩笑，但我都沒回應她，只是一直皺著眉頭。

放映結束後，現場有點混亂，沒能照顧到家人，雖然有叫她們一起去休息室，但也不知道她們有沒有聽到。我在休息室跟朋友拍了照又聊了一下，然後媽媽就進來說，她要去看下一場電影了。

媽媽用力抱了我一下，說她早就想抱抱我了，好像還說了辛苦了、真了不起之類的話，反正應該不是祝賀的話。媽媽只是緊緊地擁抱我，非常用力、非常媽媽的一個擁抱。

那天晚上媽媽就落枕了，後來要看的電影只好全取消。

總之，就是突然想到那天媽媽的擁抱，覺得很想念。千言萬語都比不上媽媽的一個擁抱，好想媽媽，以後我要多拍一些電影，然後一定要邀請媽媽來看首映，姐姐也一起。

2022.06.06

因《成粉》展開的旅程

我去了一趟茂朱。這是《成粉》正式上映前參加的最後一場電影節，內心莫名忐忑。現在想來，我因為這部電影去了很多地方耶，一開始的釜山影展，跟姐姐和娜慧姐一起去光州，接下來又回到釜山、首爾，又跟惠煐姐一起去濟州、仁川、再回到首爾。跟姐姐去木浦、跟松兒姐去大邱，然後又是首爾、義大利烏迪內，最後是這次的茂朱，讓我再次體認到一部電影擁有的力量。它讓我可以自己前往原本去不了的地方，接觸原本接觸不到的人，都是因為這部電影，我的電影，了不起的《成粉》。

茂朱電影節的氛圍就像一場電影慶典，之前就想帶媽媽一起去了。這樣說來，這也是防疫規範鬆綁後的第一次放映，所以我也是第一次能這樣和所有觀眾一起肩並肩地坐著看《成粉》。我已經看過很多次了，原本不打算進場一起看的，但想到這可能是最後一次，所以還是看了。

還好有進去看。雖然不像之前一樣緊張興奮，但看電影過程中難免會意識到其他觀眾的反應——喔這裡很多人笑喔？欸這邊為什麼沒反應？每次跟觀眾一起看電影時，都會被這些念頭塞滿腦袋。

這次根本沒空想那些，雖然人們依舊因為我拍的電影發笑、鼓掌、嘆息、咒罵，但可以身處在如此有活力的電影院本身就很高興、很有趣，也讓我想哭，心裡滿滿的感恩。其他人都在笑的時候只有我在偷擦眼淚，還要裝作沒哭，假裝是因為冷氣太冷所以在流鼻水，不然被坐在旁邊的媽媽看到很丟臉。

這些喜歡我的電影、欣然接受我的過去與經驗的觀眾，讓我感動又感謝，也讓我想起拍攝這部電影以來的點點滴滴。託《成粉》的福，我才能認識那麼多人、體驗到那麼多嶄新的經驗；我也藉著這部電影學習、成長，雖然有許多辛苦疲憊的時刻，但我得到的好處比這要來得多。

我本來覺得最討厭這部電影的人是我，最喜歡這部電影的人也是我。但我現在開始覺得，說不定有人比我還喜歡《成粉》呢，這個光想想就開心的夢，如果可以實現就好了。

CHAPTER 2

那些屬於我們的故事

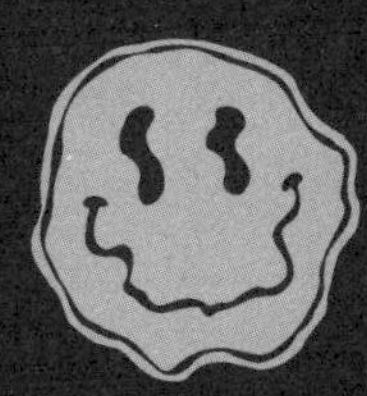

許多沒放入電影中的對話，我都想好好記住。
那些直率活潑、開心暢快又淚水交織的，
都是屬於我們最珍貴的故事。

對他而言，粉絲到底算什麼？

訪談日期：2019年11月19日

洗娟追星時認識的朋友，又稱追星路上的靈魂伴侶，喜歡鄭俊英七年，這段時間占據了她超過三分之一的人生。

「每天與那麼多粉絲見面，有些很年幼、有些已經當了媽媽，面對這樣以女性為主的粉絲族群，他都在想什麼呢？對這個人而言，粉絲到底算什麼？」

「我喜歡了他七年，這七年間來聽他的歌、看他的影片、也見過面，卻唰地一下從我的人生完全抽離，有種生活完全崩潰了的感覺。」她以淡然的語調訴說了自己的狀態，以及想對那個人提出的質問。

珢彬（獨白，唸自己的日記）我也知道該忘記，我也希望能不再去想，但我腦中滿滿都是關於你的事。我想跟身邊的人說我沒事，但其實很有事。我想打起精神，卻辦不到。為何偏偏是在我二十歲時呢？搬了家、身邊的人際關係改變，連充斥我日常的你也出事，這一切真的是偶然嗎？唯一能確定的是，我的生活可能因此改變，也正在改變。

*

珢彬　我不太會說話怎麼辦。

洗娟　想說什麼就說什麼，放輕鬆就好，先自我介紹一下吧。

珢彬　大家好，我是今年二十歲、明年就要滿二十一的金珢彬。

洗娟　我們是怎麼認識的啊？

珢彬　我們是在二〇一三年，釜山的一場簽名會上第一次見面。

洗娟　你是怎麼飯上鄭俊英（以下簡稱J）的？

珢彬　我從《Super Star K 4》播出第一集就開始收看，那時候喜歡上的，因為他長得很帥，個性也很有魅力，一下就迷上了，一直到現在……啊，現在沒有，不是到現在，是到那件事爆出來的前一天為止。

洗娟 欸，少騙，事情爆出來那天妳明明也大崩潰，怎麼可能預知會出事，剛好在前一天決定不喜歡。老實說吧，妳喜歡了他幾年？

珢彬 用年來算的話是七年，我喜歡了七年。

洗娟 也就是十幾歲的這段時期幾乎都在喜歡J囉。那請說說二〇一六年時，讓妳很難過的經驗吧。

珢彬 啊，那時正是熱戀期呢，J一爆出偷拍我就想，「我們歐巴怎麼辦」，一直在煩惱這個所以很痛苦。但三十分鐘後就馬上出了無嫌疑的新聞，可是想到大家一定都認為他有涉嫌偷拍了，那時真的很難過，三天大概吃不到三頓飯吧，沒做什麼也想吐，真的是受到很大影響……

洗娟 妳記得那時候跟我在Mom's Touch速食店見了面嗎？

珢彬 對啊，那時候因為妳的學校跟我的教會很近，就約在那邊見面。記得我們一進去先點餐，但我好像什麼都吃不下，只是一直嚷嚷「怎麼辦怎麼辦」，大概四五點時，還一起看記者會直播。

洗娟 妳心目中的J本來是什麼樣的人？

珢彬 沒辦法討厭的人……

洗娟 事件爆出來前，妳從來沒討厭過他吧？

珉彬 其實他常做出讓粉絲失望的事，但那種性格本身也很吸引人，所以我一直是抱著「哎呀，即使如此他還是很棒」的心情在追星。他有很多個性或生活方式都讓我想效仿，像是不在乎別人眼光地做想做的事，還有獨特的自由奔放、理直氣壯，對我來說都很有魅力。

洗娟 是不是也有粉絲才知道的一面？

珉彬 很孤獨、有點可憐的一面，我認為這是只有粉絲才知道、那個人獨特的感性。他的嗓音透出的悲傷，或是歌曲傳達的那些……真摯、陰暗又有點非主流的樣子，我認為這是他與眾不同的地方。

洗娟 那個人帶給妳什麼樣的影響呢？

珉彬 首先是剛剛提過的個性，不在意他人眼光、自由奔放的部分。雖然我沒有真的很努力去實踐，但長期來看應該是有越來越像吧。再來就是我聽的音樂、想去的國家，這些都是從還小的時候透過Ｊ知道的，這些算是受到很多影響。

洗娟 Ｊ的故鄉是？

珉彬 雅加達。

洗娟 Ｊ在節目中說過的菲律賓語是？

珉彬 窩哥摸哥波哥度摸。

洗娟 啊，OK、OK……那麼所謂的追星對妳的人生而言，有什麼樣的意義？

珢彬 嗯，追星就是喜歡藝人嘛，喜歡的人不是面對面認識的人，而是透過電視認識的，我覺得追星就像是人生中可以熱烈單戀某個人的時期。不管那個人平常怎麼生活，私下做了什麼都無所謂，只要看他展現出來的樣貌就足以支持他、喜歡他、希望他發展得好，想為他做很多事，追星就是用這種方式在單戀某人。

洗娟 但如果要說單戀跟追星有什麼不同，妳覺得是什麼？

珢彬 單戀是喜歡身邊的人，所以我付出了什麼的話，對方要嘛也有所回應、要嘛就是拒絕，但追星只能說是單向的愛吧。雖然藝人都會說很愛粉絲，但那都是對很大一群人說的話，單戀則是一對一的關係，要說不同的話就是這點吧。我覺得追星這件事，本身就不是一種經常會在人生中體會到的情感。

洗娟 妳有喜歡過J以外的藝人嗎？

珢彬 有。

洗娟 在J之後呢？

珢彬 沒有。

洗娟 那現在來談談比較嚴肅的話題。我們在二〇一九年的春天不是很難得地聯絡了一次，妳記得我們當時說了什麼嗎？

珢彬 那時群聊事件已經爆出來一陣子，但我還是對他有點依依不捨，那時候好像跟妳說，我沒辦法打起精神，什麼都做不了。我喜歡J七年，幾乎可說是融入我的日常生活了，每天關注他的消息，也直接跟他面對面過，但那個人突然就這樣從我的人生消失，讓我覺得我的生活好像一下子崩潰了。

洗娟 第一次聽到群聊事件時，心情如何？

珢彬 Burning Sun事件爆出來時就有點心理準備了，好像從那時候就覺得，他跟勝利那麼要好，怎麼可能沒關係。但之後無消無息的，我還想說到底是怎樣……結果群聊的消息出來，就提到參加過選秀節目、正活躍於演藝圈的歌手A某了。我那時候就已經猜到，所以只是焦慮地等著，隔天早上九點的晨間新聞就直接爆出J的名字了。那時候有種……結果還是爆出來了啊的感覺，完全超過我大腦能夠負荷的範圍，沒有任何想法，也無法思考他之後該怎麼辦……真的就是一片空白。

洗娟 剛剛問妳喜歡J多久的時候，妳說只喜歡到事件爆出來的前一天，但事實上沒有人可以立刻整理好喜歡七年的感情，這是很自然的。

珢彬 事情爆出來後，入口網站上幾乎都是這個消息，我那時候也打算像記者一樣整理一下來龍去脈，想完整了解他們到底犯了什麼罪。但後來J就被逮捕了，那時與其說是憤怒，不如說只是一直在想「怎麼會變這樣」、「到底為什麼會把人生搞成這樣」。

那時會不斷更新相關新聞，所以跟平常一樣會常常想起J，等到連這些都沒有了之後，心裡好像空了一塊。就這樣過了三個多月，當然偶爾還是會懷念，但我真的體會到什麼叫作時間是一切的解藥，只要不停地忙碌，就會慢慢忘掉。以前真的覺得沒有他就活不下去，但現在覺得就這樣慢慢忘記，反而更好。

洗娟 我們二〇一六年見面也是因為J出事，雖然那時候最後是無嫌疑，但我們其實在開記者會前就一直堅信他是清白的，才會約在Mom's Touch一起又哭又鬧的，妳那時候的心情如何？

珢彬 那時當然是覺得很委屈啊，發自內心覺得不會發生那種事，他本人該有多委屈，都是垃圾記者害的。就有種想守護他、為他洗刷冤屈的心情。他明明不是那樣的人，為什麼要寫出這種報導、讓他承受這種罵名，當時這種想法很強烈。

洗娟 可說是信任感？

珢彬 信任嗎？與其說是信任，應該更接近感情。因為對他有感情，畢竟是從他出道一路追來的，不管是他的音樂之路還是人生，我都想支持。

洗娟 群聊事件爆出來後的心情應該更複雜。

珢彬 老實說那件事給我的衝擊很大，那種群聊……其實之前看過Instagram上的影片，聽說那些人的人品不太好，但完全沒想過會是這種事。

群聊的內容每一個都令我震驚，他竟然在群組跟其他人說那種話。我知道他很亂、很愛玩，但真沒想到會到那種程度，看了新聞後感覺就像被背叛了。我甚至想，你的女性粉絲那麼多，竟然在大家背後說這種話，明明自己說過「我個性很直，不喜歡那種造成別人麻煩的事」，但實際上造成最大麻煩的就是你本人啊。

原來他一直以來在各種節目中展現的樣貌都是謊言，這點最讓我難以承受。我以為他就算再愛玩也不會說謊，以為他是坦誠的人，結果呢，他連三年前在記者會上唸的悔過書都是假的，所有的一切都是謊言，這些帶給我的傷害……這樣說有點那個，總之我覺得被背叛了。

洗娟　檢方最近不是在法庭上對J求處七年徒刑嗎，妳的心情如何？

珢彬　心情非常差。那時久違地又上了熱門關鍵字，還在第三名，我就想說是怎樣？一看發現是被求刑七年。這件事剛爆出來時上學期才剛開始。我當時想，「現在只剩一個月學期就要結束了，他要被關七年啊，時間過得真快……」

那段時間我一直為了各種事情忙碌，他也沒有出來活動，就一直以我曾經認為的模樣留在我心中。這讓我有點悲傷。而且我喜歡了他七年，結果他也被求刑七年。雖然沒什麼必然的因果關係，但如果檢方求刑七年，那法官宣判時應該會稍微縮短吧。總之，他現在就是被求處七年徒刑了，我就想，要犯下多惡劣的罪行才會被判七年啊，你現在已經不是藝人，是個罪犯了啊，這樣的念頭在我腦海中揮之不去。

洗娟 最近還會聽他的歌嗎？

珢彬 最近不太聽了，大部分的歌幾乎都不聽，但因為實在太喜歡〈共鳴〉……我不是很常聽，只是因為以前儲存的播放清單裡有這首歌，偶爾聽到還是會覺得，啊，這歌真好聽……

洗娟 群聊事件對妳有造成什麼陰影嗎？或是很長一段時間無法從打擊中恢復之類的？

珢彬 首先是從二〇一六年出事後，只要J的名字出現在熱門關鍵字上，我的心臟就會揪一下，想說呃、又怎麼了，一定要趕快點進去確認是什麼事，大概就是這種陰影，也可以說開始有了這種習慣。但要說帶給我最大打擊的，果然還是偷拍。那讓我開始重新思考關於坦誠，還有粉絲的事。

J從《Super Star K 4》時期就有非常多女性粉絲，多到讓人覺得完全是靠粉絲才紅的，老實說我也覺得他是託粉絲的福才能成長、走到今天的位置。他的粉絲幾乎是女性，有些很年幼、有些已經當了媽媽，每天與這些粉絲見面、接觸，背後做的卻是侵害女性的勾當，他看著我們的時候，到底都在想什麼呢？

洗娟 對那些仍在等待他的粉絲，妳有什麼想法？

珢彬 每個人都有自己的理由，我不會去評論他們。但有時候在網路上還是會看到有人發文說今天也上傳了照片、說感謝他、說他明明沒犯多大的錯卻被誇大才會變這樣……我覺得就算想等他回來，也不該用這種方式。

如果是抱著等待以前的J、作為藝人的J回來，我覺得很不妥，那個人現在是個傷害許多人的罪犯，卻依舊用看待以前那個藝人的方式說：「我支持你、等你回來。」這有點太過分了吧？尤其對那些受害者而言，也讓人覺得這些人太小看偷拍問題了。但如果等你回來的意思是：等你完全贖罪、道歉之後，我會支持你、等你回來。那我認為是可以理解的，畢竟曾經喜歡過。如果是綜觀那個人的一生，假設他刑滿出獄，還有願意等待他的粉絲的話，我覺得就還可以接受。

洗娟　雖然有點晚了，但妳對他還有什麼期待嗎？

珉彬　首先還是希望他努力撐下去，然後深切反省自己犯下的罪過。真要說，該享受的他一直以來都光明正大地享受了啊，連自己犯下什麼罪都不知道是不行的。藝人生活跟囚犯生活應該天差地別，希望他現在就好好在那裡徹底感受自己到底錯得有多離譜，背叛了多少人。

然後，雖然很對不起那些受害者……雖然他的下場很不幸，但我還是希望他能幸福。

洗娟　為什麼會希望他能幸福呢？

珉彬　就是說啊……

（沉浸在思考中的珉彬久久不語）

洗娟　幹麼那麼悲傷。好啦，現在做個結尾吧。

珉彬　啊，我還有一句想講的話——我們現在已經不是你的粉絲了。

我以為的彩虹只是幻影

訪談日期：2019年11月28日

《成粉》的副導，現在從事電影相關工作，時常往來釜山、首爾。

和洗娟原本只是見面會打招呼的關係，但當洗娟拿著資料、小心翼翼地詢問多恩要不要參與電影製作時，卻聽到了令人震驚的答覆：「我以前是勝利的粉絲。」

她原本是勝利的狂粉，甚至收藏了勝利個人特別限定版專輯，但對現在的多恩而言，勝利只是「以為是彩虹，結果只是幻影」般的存在。

洗娟 多恩第一次聽到我追星失敗的經歷時，心情如何？

多恩 這問題也太好笑。反正就是，妳那時候問我要不要參與電影拍攝，我本來還想說「我有個祕密武器喔」，結果妳突然給我看了《向星葵》的影片，讓我覺得我真是在關公面前耍大刀啊……是這樣講的吧？光看那個影片就知道妳為什麼想拍這部片了。

洗娟 多恩眼中的勝利（以下簡稱S）是什麼樣的人呢？

多恩 他最大的魅力應該就是富有挑戰精神了吧，他是不會氣餒的人，根本無法預料他會挑戰到什麼程度，結果就是，挑戰到太超過的地步了。他從以前就很會自我宣傳，像是在綜藝節目上說自己要挑戰什麼，說自己是光州的兒子，在團體中雖然是老么、但在家裡是家長，我以前覺得他這樣推銷自己的挑戰精神很棒，嗯，大概跟洗娟以前從J身上感受到的魅力類似，有種不像藝人的感覺吧。就是我在S身上感受到的，很可愛、很青澀，以前是這樣覺得。

洗娟 妳有哪些地方受到了S影響呢？

多恩 不知道這算不算受到影響，以前有個叫《BIGBANG TV》的節目，有一幕是他在演唱會休息時間邊吃香蕉邊說：「香蕉會帶來飽足感，很適合在這種時候吃。」後來我就一直照他說的吃香蕉。小時候覺得那樣看起來很帥，吃個水果都很有意義，好像很哲學。我以前好像常在這些小地方模仿他，像是講話的口氣之類的。但竟然連吃個香蕉也要學，真是……嗯，就是這樣。

洗娟 可以說說 Burning Sun 事件剛爆出來時，妳的心情、還有之後的狀況嗎？

多恩 那時候S上了綜藝節目《我獨自生活》，在節目中讓大家看到他在夜店當DJ、在海外工作的的樣貌，正是特別受外界矚目的時期，結果事情就爆出來了。一開始聽說時只覺得，哇，發生了這種暴力事件欸，但好像哪裡怪怪的。然後才發現天啊，是YG？而且是S？

等連群聊事件也爆出來後，我整個人都冷了。而且S是Burning Sun的負責人，宣傳時還說自己是CEO，結果有人受害、該出面負責時就改口說「我只是掛名而已」，真是太好笑了。

我一直密切關注事件發展，其中最讓我覺得爛透了的是，那時《想知道真相》節目的製作人一直在聯絡S，本來一直聯絡不上，後來收到了一則回覆。那時製作人問他對群聊事件曝光的想法，他回說：「這很明顯侵害了個資與個人隱私。雖然這件事是基於公益曝光的，但這件事如果不被公諸於世，就不會變成現在這樣，我也是受害者。」

哈……他是因為沒唸書才這樣嗎？現在這件事的重點並不是「我是受害者」啊……（多恩講到這，一時之間說不下去了）

說到底，他應該要認知到這件事無論有沒有被揭發，都是個「問題」，居然反過來說自己是這件事被揭發的受害者，讓我覺得這個人根本沒有考慮到因為他犯的錯而受到傷害的受害者。作為一個人，我對他很失望。

過了半年後，我對他一點感情都沒有了，可以確定的是我已經完全不喜歡他了，也不會去回想那些回憶，就算生氣也是一下就平息了。

洗娟 雖然有點突然，可以請妳聊聊追星熱戀期的事嗎？像是身為他的粉絲很自豪的地方。

多恩 我真的很喜歡《V.V.I.P》這張專輯，因為那好像是他最熱愛音樂的時期。不是為了某些傳聞想改變形象，不是為了人設，不是為了扮演BIGBANG的老么，而是作為S這個人發表音樂作品，是他最美好的時期。

所以《V.V.I.P》這張專輯收錄的所有歌曲我都很喜歡，像是〈White Love〉、〈Open the Window〉我也喜歡。我會在下課的打掃時間哼著〈Open the Window〉打開窗戶打掃，我唱這首歌的頻率就是那麼高，還會跟著〈V.V.I.P〉的節奏律動。啊，還有這張專輯的最後一首歌〈In My World〉，這首可能大家都不知道，我聽了很多次。這首是寫給粉絲的歌，內容是在我與我愛的人一起創造的世界裡，表達感謝的一首歌。

S剛出道時也很擅長抒情歌，有一首很少人知道的〈Next Day〉，我特別喜歡那種平靜的歌曲。〈In My World〉這首歌又有「你們一直以粉絲的身分追隨著我們，我也一直受到你們的影響」的含義，對粉絲來說那就是最重要的嘛，是讓我們可以真切感受到存在感的一首歌，第一次聽到時，真的有種被安慰的感覺。我想這可能是我受他影響最大的地方，很憧憬有這種能力的人，所以偶爾會聽這首歌。

洗娟 偶爾聽？昨晚聽了嗎？近一個月內有聽過嗎？

多恩 有找來聽過，但撇除這首歌是S唱的，大家應該會喜歡這首歌，哎呀，我在講什麼！就算這樣也不能聽！差點就完蛋了，哇，剛剛我真是昏頭了……

洗娟 剛剛應該不是在宣傳吧？那我們就繼續下個問題。這些事的確可能讓人受到打擊、感到被背叛，但妳覺得放大這些感受的原因是什麼？我個人在J、S這兩個人中更討厭J，但多恩應該更討厭S吧。

多恩 我們活著都會夢想一個理想世界嘛，不只韓國、全世界都是這樣教育小孩的，這些被稱作明星的人就像是創造出這種憧憬的存在，一直引領這個理想世界。舉例來說，如果我們在學校被壞老師罵了，J跟S只要說一句：「各位！不要因此覺得壓力很大。」我就會覺得我在這個世界上沒有任何問題，也會產生想繼續生活在這個世界上的想法。

S在日本綜藝節目非常受歡迎，日本綜藝中有時候會有貶低韓國的內容，S因為不會對這種事坐視不管而聞名，像是如果日本人用日式發音稱呼韓式泡菜，他就會糾正。

而且如果喜歡某個人，自然也會更信賴那個人的想法嘛，那種信賴度是非常高的，原本是相信、期待那個人還會做出什麼成就，結果卻是墜落谷底，所以讓我覺得自己是被像彩虹的幻影騙了。隨之而來的是巨大的背叛感，所以更生氣。如果我一直都不知情，不就會一直傻傻的喜歡他嗎？我覺得他們讓我們看到的彩虹實在太耀眼了，所以更憤怒。

洗娟 事件發生後有帶來什麼煩惱或陰影嗎？

多恩 對媒體的看法似乎更沉重了，我深切感受到應該提高對媒體的警覺心，對整個演藝圈系統所打造出的形象也要更有戒心。不只消費者要警戒，供給者也該把皮繃緊一點。尤其是厭女犯罪，我認為女性更該挺身而出，如果一直去袒護那些人，不只對女性，更是對整個人類歷史發展的退步，所以我認為大家應該更敏感一點。並不是我太敏感，是他們太不敏感了，不能因為會受傷就選擇逃避，反而要銘記在心、努力不再讓這種事發生。我好像變得更小心翼翼，經常覺得無法信任他人。

洗娟 最後一題，妳對一直到最後都堅持守候的粉絲有什麼看法？

多恩 我真的因為這個快瘋了……說真的是已經瘋了，哈，國外真的有很多粉絲一直在等他喔，就算這樣也希望他辦演唱會，真的是……但我真的不支持這樣。（海外粉絲）應該會恢復正常吧？不是相信他們會恢復正常，是想跟他們說「請正常點」，啊，這樣說我好像會被圍毆。那些粉絲好像對他一點嫌惡感都沒有，但我要說，加害者的態度非常重要，應該要用認真謝罪的心深切地反省再反省才行。在我看來，如果粉絲就這樣原諒他們，那些人就會因為有這樣的消費者存在而再次犯錯，那就又會產生新的受害者，這就是潛在犯罪啊，我覺得這是對犯罪坐視不管。雖然他們是為了守護曾經喜歡過的事物，但這在法律上或道德上，難道不是種錯誤嗎？所以我覺得應該要承認錯誤，放下自己曾喜歡過的事物。

洗娟 還有其他想說的嗎？或是想對S說的話？

多恩 請問我那個問題，問我現在有沒有喜歡的藝人。

洗娟 喔，對喔，妳現在有喜歡的藝人嗎？

多恩 有喔，每個領域都有。歌手我很喜歡HYUKOH，演員則是最喜歡金南佶，因為可以得到正面的力量，我想說的是這個。我看《善德女王》時就迷上他演的毗曇，真的超喜歡他的，那時候全校只有兩個人喜歡他。（洗娟跟多恩突然爆笑）

洗娟 全校只有兩個的話，幾乎是要對決了吧。

多恩 我之所以會提起金南佶演員，是因為我對他的喜愛度跟S差不多。金南佶一直在經營NGO「佶story」，這件事我小學就知道了，他大概做了六年了吧。硬要比較我曾經那麼喜歡的兩個人的話，金南佶不僅在演員工作上很認真，也讓我看到如何正面地運用名氣。跟S相比，他在本業（演員）以外的活動並不是為了賺錢，就算沒人知道，他也一直在支持各種藝術活動，或是參與分送煤炭等活動，直到最近才在綜藝節目上小小宣傳了一下，大家才知道這些事。

金南佶演員透過這些活動，讓現在的年輕人看到應該如何運用名氣的力量，也是有這種人存在，我們才能再次看見彩虹……如果連這都是幻影，我應該會非常痛苦。

總之，我想告訴大家，這種夢想著彩虹、用行動證明給大家看的人真的很多，我也想成為這樣的人，這部電影日後可能也會讓我再次反思自己。

希望每個真心喜愛某樣人事物的人，都不要被捏造的彩虹矇騙，不要到了最後才發現自己喜歡的其實是幻影。

粉絲也算是受害者

訪談日期：2019年11月29日

洗娟的好友，她的「舊愛」是三番兩次酒駕、施暴，最後因捲入群聊事件而退出Super Junior的強仁。

難道真是「物以類聚」嗎？還是對大眾具有廣大影響力的公眾人物，實在太常發生犯罪或爭議事件了。承炫雖然也有激動的時候，但整體態度很冷靜，是因為事情已經過去很久了，還是找到自己解脫的方式呢？但她說——

粉絲也是受害者。

承炫 我要酷一點。嗨，我是二十四歲的金承炫。

洗娟 （笑出來）之前我說要拍這部電影時，妳就小心翼翼地跟我說妳其實喜歡過強仁（以下簡稱K），妳還記得嗎？

承炫 啊，我自己說嗎？有點難以啟齒呢……我讀中學時，每次舉辦夢想演唱會，粉絲都會聚集在會場外，那時候就有直播主來訪問粉絲，我也被某個男直播主訪問了，雖然那時K發生了一些不好的問題，但我還是說自己是他的粉絲、在那邊亂叫發瘋，老實說我都不知道自己在講什麼，大概就是哇啊啊啊啊、我喜歡K！這樣。

洗娟 那時候是出了什麼事？

承炫 施暴、肇事逃逸，厲害吧？之前還酒駕。好像三合一大禮包一樣整天闖禍，就是那樣。

洗娟 Super Junior 的成員人數不是出名的多嗎？怎麼十三名成員裡就偏偏喜歡上了K？

承炫 其實我一開始喜歡的是東海，他還是練習生時參演了 BoA〈Key of Heart〉這首歌的MV，整個帥到驚天動地！我大概一天就看了五百次MV，所以就變成E.L.F.[11]啦。本來一直是喜歡東海，但〈Don't Don't〉出來時，強仁做了一個很特別的平頭造型，我就莫名被那個造型迷上了……那時候甚至還是K變胖、大家都在說為什麼會變這樣的時期，只有我自己因此喜歡上他。大家都說我很奇怪，也是啦，而且東海還是門面擔當*耶……不對，K本來也是門面。

洗娟 那在妳眼中，他的魅力是什麼？

承炫 我覺得是聲音。很多人說 Super Junior 不會唱現場，根本不會想聽他們的歌，但他的音色很好，有點菸嗓又很低沉，而且我那時候才國中啊，他那種有點小混混、又有點傲嬌地照顧人的感覺，讓我覺得啊歐巴……好讚……這樣，好笑吧。

洗娟 那時候有多喜歡他？

承炫 喜歡他的時間是最久的，從小學六年級開始到高中，中間大概有四年時間最喜歡K，是唯一的本命！

洗娟 妳覺得K是什麼樣的人呢？有什麼跟一般人不一樣的想法嗎？

承炫 在那次事件爆出來前他的形象就已經慢慢變差了，所以大家都是一副早就知道的態度。我記得K有一次上《Radio Star》，主持人開玩笑說他是第一個同時擁有三種關鍵字標籤的偶像，那三個關鍵字是酒、女人，還有一個是什麼想不起來，反正就是有酒跟女人。我那時候看到當然很委屈啊，覺得他好像變成節目的犧牲品了，但現在回想起來，大家講得其實沒錯，真是只能嘆氣啊，我以前到底為什麼會喜歡他咧？

洗娟 追星對妳的人生帶來什麼影響呢？

11 Super Junior 的粉絲名。

承炫 廣義來說，充滿熱情地去做某件事本身應該是好事，雖然現在說的是限定在喜歡某個藝人的範圍內，我還是認為那如果能成為人生的活力來源也很好。總之，所有事都是過猶不及，不要愛得盲目到影響現實人生的話，我覺得追星真的是很好的事，看著我愛的人，不就會覺得很幸福嗎？

洗娟 現在有在追哪個藝人嗎？

承炫 現在？現在好像沒有，現實生活已經夠累了，沒有餘力再去喜歡誰，有點……不是陰影的陰影。就算喜歡某個人，但他只要犯一點小小的錯，我就會立刻冷掉，覺得啊、他也是這種人啊、他也一樣嘛。

所以在Super Junior之後我就沒什麼喜歡的藝人了，大概只會停留在有好感的狀態。啊！有一個我也喜歡很久，湯姆．希德斯頓，他真的是我重考時的心靈支柱。

洗娟 啊，我懂妳說的心靈支柱是什麼意思，太有共鳴了。但我想問一個嚴肅的問題，K也是J聊天群組的成員之一，知道這件事時妳有什麼想法？

承炫 一開始我沒細看，就只看了新聞標題想說「啊……」這樣，可能也算是陰影吧，我本來應該很美好的學生時期都因為他而黯然失色了，所以一開始當然刻意選擇不看。只想說他真是、又、又、又闖禍了！一方面也是很火大就更不想看。但再怎麼說也是我的前本命，最後還是點進去了，電視上在播時也會看一下，大概還是有點舊情吧。

但群聊事件本來就鬧得很大，是很嚴重的問題嘛，大概是因為關心這個議題，自然就去看了，感想也一樣，這人又闖禍了。剛才不是有提到在綜藝裡面說的嗎，脫離不了酒、女人這些關鍵字，這樣說來，對這些印象深刻的我大概早就看出蛛絲馬跡了吧，畢竟是粉絲。

洗娟 稍微追溯回去，雖然K一而再再而三的出事，但其實第一次還是會覺得很意外或打擊很大吧？還記得那時候的感覺嗎？

承炫 因為實在是很久以前的事了，有點混淆，不太記得是從酒駕開始，還是酒駕肇事逃逸，還是施暴事件，但總之，我當然記得那時候的心情。

就是覺得心好累，因為我真的很喜歡Super Junior，但那時有些人看不起Super Junior，這已經讓我很難過了，因為這些人不懂得我們歐巴的好，然後又在團體還沒穩固時發生這種事，真的讓我很絕望很難過。那些明擺著就是犯罪，而且是會被警察抓走的事，所以更痛苦。

我那時候跟很要好的E.L.F.姐姐講電話，兩人哭個不停，覺得怎麼會發生種事。其實我覺得粉絲也算是受害者吧，因為喜歡他們而受罪。

洗娟 可以仔細說明一下粉絲也是受害者的意思嗎？

承炫 比起直接受害者，粉絲應該是二次傷害的受害者，或是某種程度受到波及的受害者。

只要想到我喜歡的事物也包括這個人做的壞事，粉絲當然會大受打擊，甚至對自己感到失望。

我認為追星是會中毒的，因為很有趣。舉例來說，會讓人想跟歌手直接接觸的狀況大概有幾個階段，如果歌手對你有印象：「喔那個粉絲又來了？」可能就會跟你裝熟一下，那雙方就會慢慢累積感情，就會開始覺得有趣了；或是像我這種只在家追星的，透過同人創作或跟其他粉絲聊天之類的，也會感受到追星的樂趣。但只要偶像犯錯，這種樂趣就會全部化為烏有，因為那個人在我心中的形象破滅了，在那失望之中，甚至連身為粉絲的自己都開始討厭，所以我才會覺得，粉絲也是受害者。

洗娟　K發生那些事後，好像都是安靜一陣子又復出，然後又出事，妳是怎麼想的？

承炫　我曾經想過，他還不如安分點在家反省，接二連三地出事不就等於證明他根本沒反省嗎？改不掉酒駕惡習，那也只能放棄啦。我對他的愛也是這樣慢慢淡掉的，因為看太多次了。所以大概是剛進高中、大概高一下學期就收心了，雖然有點不是滋味。

洗娟　經歷這些事有造成什麼陰影嗎？

承炫　追星的周期明顯縮短了，大概是覺得沒什麼意思了吧，應該說，沒有可以讓我感到追星這件事很有趣的對象。怎麼可能有完全沒有道德缺陷的人呢，但我好像一直在尋求那樣的對象，就算是只看他刻意展現的那面，也還是想找到沒有缺陷的對象，但找不太到，真的幾乎沒有，就算有人讓我覺得可以相信，總還是會有說錯話的時候。

洗娟 你對男性藝人接連爆出犯罪，有什麼看法？

承炫 對偶像的信任感好像灰飛煙滅了，妳們應該也一樣吧？其他人會有差嗎？應該越有錢越嚴重吧……啊，但朴有天（以下簡稱Ｐ）真的讓我滿受打擊的，因為我以前也喜歡過Ｐ，幾乎可以算是Cassiopeia[12]兼E.L.F.。

洗娟 所以妳在Super Junior的本命是Ｋ，在東方神起的本命是Ｐ……

承炫 不要把我說得那麼糟！雖然也沒說錯……朴有天的事情爆出來時我還清楚記得，我那時候有個很好的朋友是Cassiopeia，是我的追星夥伴。有一天她突然傳訊息跟我說：「欸，Ｐ性侵？」我回：「嗄？亂講的吧！」結果ＪＴＢＣ新聞就出來了，我還在想是在說什麼鬼話，結果已經整個天下大亂，網路上都吵翻了。

洗娟 經歷過Ｐ跟Ｋ，應該完全不會想再喜歡男藝人了吧？

承炫 真的就變成只看表面了，或是去喜歡國外藝人。

洗娟 對Ｋ有什麼期待嗎？

承炫 希望他低調生活就好，不要再折磨喜歡過自己的人。過去應該也攢了不少錢，就低

12 東方神起的粉絲名。

調、幸福地好好生活吧。最好也不要結婚，家裡裝潢得漂亮點，累的話就挑個電影看、喝點小酒……喝酒就不要出門了，不然又會酒駕。不然去申請網路大學聽個道德倫理課也好，低調地去夜店也可以，喝酒也可以，總之不要闖禍就好，拜託。雖然我現在不會因此受到打擊了，但心情還是會不好，你啊，現在已經不是我的歐巴了，你以為長得帥就了不起啊！

洗娟 最後還有什麼想說的？或是想對我說的也可以。

承炫 因為攝影機在拍所以不能「呃啊啊——！」這樣鬼叫，但我想說，希望Super Junior成員們的人生都能一帆風順，雖然現在沒在關注了，但畢竟是曾經很喜歡的一群人，再怎麼說還是有感情在啊。我這樣說不是「希望不要連累到我」的意思，而是希望他們能長長久久，心存善意。而且其實除了我自己，我從沒遇過其他喜歡K的人，認識的人裡面喜歡J的也只有你。

洗娟 然後我們還是朋友。

承炫 嗯，朋友，真是太神奇了。有點像拼布嗎？就是把很多布塊湊在一起拼成一幅畫，有點像那樣，東拼西湊地縫在一起之後，鏘！感情錯付的一群人！有點這種感覺。

洗娟 那就是這部電影啊。算起來，K以Super Junior成員身分總共活動了十四年，其中完全沒問題的時期就只有二〇〇五年出道到二〇〇九年中，短短三年半的時間，之後十年幾乎每一年半就會爆出一件事。

承炫 超猛的啊！所以我現在超會看人的。其實我這次願意受訪，跟妳拍這部電影的原因是差不多的脈絡，我想正面對決。跟我一樣有這種感覺的人應該很多吧，跟妳有一樣想法的人也很多。希望可以安慰到他們，讓他們不再為此感到羞愧，雖然不是要說「大家一起正面迎擊吧」，但是希望大家都能放下那段過往，不要後悔，那個時候也真的很幸福呀。對我而言，Super Junior 曾具有非常重大的意義，真的，沒開玩笑。我的帳號跟密碼都還是他們，Super Junior。

洗娟 那帳號是什麼？

承炫 帳號就是我的英文名字，但密碼跟 Super Junior 有關，反正就是把跟 Super Junior 有關的字都放進去了。

洗娟 都不說是什麼耶。

承炫 欸，因為是密碼所以不能講啊！啊，還有一些習慣也沒改掉，像是不管去哪都會對十三這個數字很執著，因為 Super Junior 是十三個人，所以我們都會說 13-1=0。

洗娟 完全無視數學原理呢。

承炫 這就是公式啦。

在我心裡，他有罪

訪談日期：2019年9月18日

材沅以前喜歡的藝人在夜店摸了女人的腿，但聲稱是把腿誤認成柱子。真不愧是洗娟的至交好友之一。材沅覺得這個話題要喝了酒才能聊，所以我們特別準備了自製優格馬格利，結果卻發生果汁機大爆炸的悲劇。

經歷果汁機爆炸的驚嚇後，材沅與洗娟進行了敞開心胸的對話。她說：「看來人們還是直接遺忘比較好吧」，「很心疼那些錢，還不如拿去買炸雞吃，一張專輯的錢都可以買整隻炸雞了」，「我們又不是要求他們唱什麼關於氣候危機的歌，或是要他們把棄嬰問題寫進歌詞裡，就只是希望他們不要讓喜歡過他們的粉絲蒙羞」。

聲稱不會再喜歡藝人的材沅，真的完全脫離追星圈了嗎？

洗娟 沒喝到馬格利也講得出來嗎？

材沅 對喔，哈哈。不過我也不是喝了酒就能說出祕密的類型，應該可以吧。

洗娟 其實我聽到妳以前喜歡過歌手O時有點驚訝。啊，妳也？有點這種感覺，沒想到妳竟然也有類似經驗。

材沅 我小學時喜歡過的人長得跟O很像。

洗娟 因為長得像所以喜歡？

材沅 嗯。

洗娟 那是從小學開始喜歡的嗎？

材沅 小學四年級開始。

洗娟 到什麼時候？

材沅 嗯，就是一直都滿喜歡的，但事情爆出來就不喜歡了……不過出事前其實也有點半脫飯*，所以出事後就覺得，啊，追不下去了。

洗娟 O長得帥嗎？

材沅 當然帥啊！啊……不知道啦，應該是跟我喜歡的人長得像才喜歡的，現在想想我好像真的很喜歡那個男生，才連帶也喜歡跟他長得像的O。

洗娟 他是不是去當兵了？是為了逃避醜聞才去的，還是剛好差不多也要當兵了？

材沅 也是該去當兵了啦，但我還是覺得事件剛爆出來就說要去當兵有點不妥，而且也不是說喝了酒就可以被原諒啊，從那之後就不喜歡了。他本來是那種很溫柔的形象，名字也取作O，暱稱還叫豆腐，結果做出那種事。豆腐會摸女人的腿，豆腐還會性騷擾！

洗娟 之前我有問妳說，「不是無罪嗎？」妳記得妳回我什麼嗎？妳說，在我心裡是有罪的。

材沅 雖然有人覺得判無罪了，當然要趕快幫他洗刷冤屈，但也有很多人想法跟我一樣。我覺得這跟法律無關，就只是對他失望了。

怎麼說呢，夜店當然可以去啊，但喝醉了去摸人家的腿，這是事實吧？但他本人主張不是故意的，是喝了酒昏頭才那樣，最後好像是受害者希望從輕發落才獲判無罪的。判決書上是寫判斷行動無惡意、非故意，因為這樣才放過他的樣子。不就是說他完全沒那個意思，是手不小心伸出去才變這樣的，對這種不尊重女性的人，我又何必尊重他。

我是真的對他無感了啦，但很多人不是這樣。這樣說來，不是也有很多人在等J回來，跟等待J比起來，等O回來應該也算還好吧。

洗娟 O出事後，粉絲不是還連署要他退團，妳那時有加入嗎？

材沅 那時候的整體氛圍上，大概所有人都加入退團連署了吧，我覺得他做錯了事，所以當然也加入了。

洗娟 那是什麼時候？妳那時幾歲？

材沅 高二還高三吧，不太記得了，大概就那時候。

洗娟 如果J跟O犯了同樣的錯，新聞出來後，兩個人都被判無罪，誰會讓妳覺得更受傷呢？

材沅 同樣的錯？那當然是O啊！就算不喜歡O了，但從客觀角度來看，J也不是賣那種溫柔形象的吧。

洗娟 欸……

材沅 是我的偏見嗎？拍謝。但O擺明就是強調溫柔形象，連名字都是那樣，就是一直在強調這種設定嘛。這樣一旦犯罪，跟本來的形象就更天差地別啦，不如一開始就不要賣這種形象，如果一開始就是壞男人形象，那打擊可能還沒那麼大。

洗娟 你身邊還有留下什麼O的痕跡嗎？

材沅 這是我真的很喜歡的專輯，所以保存到現在，但我也很久沒打開看了。本來這種東西買了就不太會去碰它，才不會有折痕。我以前真的很愛這張專輯，歌都很棒，而且它的概念設定跟下一張專輯是相反的，明亮的設定跟黑暗的設定，我以前記得很清楚，現在想不起來了。妳看，專輯封面是不是很美？……這個也該丟了。

洗娟 妳對不斷爆出的藝人性犯罪有什麼想法？

材沅 為什麼這樣做？對藝人來說，犯下這種罪的後續傷害應該更大啊。但實際上這種人大概很多吧，這樣一想，就覺得我們是不是在默許這種犯罪。誘發藝人犯罪的動機比較多嗎？但其實根本沒必要討論性犯罪的動機吧？我也不知道欸，就是覺得藝人不該那樣。

而且粉絲為什麼要受這種苦？很多粉絲甚至是賭上自己的人生耶。這也讓我開始懷疑，那些藝人口口聲聲說很愛粉絲，是不是都是嘴上說說而已。

洗娟 最近有喜歡的藝人嗎？

材沅 沒有，我不太會喜歡藝人欸，可能會有一點點好感，但不會到非常喜歡。大概就是，喔，他舞跳得很好耶，真帥，句點。雖然沒有特別思考過是不是因為O的關係，大概多少有點影響吧。

因為追過星，知道這些都沒什麼意義。以前買專輯什麼的，現在也覺得浪費，反正現在都不追了嘛，搬來這邊時也猶豫過要不要丟掉，最後只有這張我很喜歡的專輯留了下來。那些錢真的都浪費了，還不如買炸雞吃。

洗娟 為什麼是炸雞？

材沅 買一張專輯的錢剛好可以買一隻炸雞啊。

洗娟 回想喜歡他的那段時間，還有什麼話想說嗎？

材沅 我想為其他成員加油，但因為他們還在同一個團體，又覺得有點怪怪的。成員們真的都很認真努力，但連支持他們這件事本身都會讓我有罪惡感，就像默許性犯罪發生一樣。

希望他的罪不要因為法院宣判無嫌疑就被輕易接受，希望他能更加認知到自己的行為對社會造成的影響與應負的責任。我記得有一次他上綜藝節目，主持人提到：「不是發生了那件事嗎？」居然只是用有點好笑的方式帶過，這也讓我很無言。明明是很嚴肅的問題，甚至可能毀了受害者的人生，這能拿來開玩笑嗎？

洗娟 妳剛剛說現在還是有很多喜歡O的粉絲，要再聊聊這個嗎？

材沅 嗯……因為法院判了無嫌疑，講這個多少要小心一點，所以我想說還是要確認一下來龍去脈，畢竟我的記憶也有可能扭曲嘛，就上推特搜尋了他的名字。結果真的還有很多喜歡他的粉絲，今年初搜的話一定會出現性犯罪者、性騷擾這類字眼，但現在已經完全消失了，不知道是大家太容易遺忘，還是我太敏感。

洗娟 妳覺得J也有可能復出嗎？

材沅 不可能吧！那就太過分了。他們的罪行輕重程度本身就有差。聽說兒少性犯罪者如果被關進牢裡，就會受到其他囚犯的懲罰，連對罪犯而言也是有這種不可饒恕的罪行的差異。雖然都是半斤八兩，但自己應該也知道箇中差異吧。

洗娟 最後還有什麼想說的？

材沅 希望粉絲永遠不會因為喜歡過某個偶像而羞愧。我只希望藝人能好好做人，不要讓曾經喜歡自己的粉絲羞愧，並不是期待他們去行善，或是去哪裡做志工，或是把全球暖化問題寫進歌詞裡。希望他們能了解自己對社會的影響力有多大。

回想追星那段日子花的錢跟時間，都覺得好心疼，我以後應該不會再追了。

追星本身就是幸福

周周

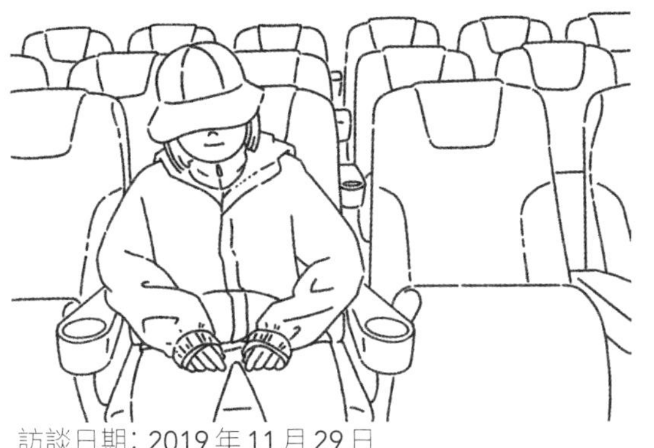

訪談日期：2019年11月29日

周周不願意露面、也不願透露姓名，受訪時卻穿著一件印有大大學校校徽的防風外套，而且一開口就金句不斷。

當被問到「就算知道偶像犯罪，但還是喜歡怎麼辦」的問題時，周周明確地說：「當然不是想就能做到，所以才要強迫自己去意識到啊，喜歡他這件事就等於在助長社會的惡，是在搞屁？我完全不會可憐他們，爛透了真的。」

提到那些成為罪犯的歐巴們，她邊講邊嘆氣，「希望可以讓他們戴上電子腳鐐，或是電子手銬、脖銬都行……」堅決表示不能讓罪犯賺到錢的她，展現了強大魄力。

洗娟　最近過得如何？說說日常生活或追星相關的都可以。

周周　生活？就是上課啊，想追星也追不了的狀態。

洗娟　等於是強制休息了吧，是因為什麼事件才變成這樣的？

周周　嗯，說起來有點複雜，今年初聽說《Produce X 101》[13]（以下簡稱ＰＤ）要開播時我就很期待了，我很喜歡裡面一個叫李翰潔的人，那時候真的很用心為他宣傳，錢也是大把大把地撒，最後成功出道了。結果爆出節目排名造假，製作人被帶去警局調查的照片網路上都看得到，真的是突然……一下子化為泡影的感覺。

洗娟　妳不是最近才開始追星的嗎？能不能說一下妳喜歡的李翰潔是什麼樣的人、有什麼魅力，還有入坑的契機。

周周　他非常幽默，沒有做作感，通常偶像都會一直賣萌撒嬌之類的嘛，但那種方式讓我覺得很尷尬，只會有「喔很棒很棒、長得很帥」這種感覺，從來沒有認真喜歡過。但李翰潔自然的舉止很有魅力，不是因為跳舞唱歌的樣子很帥，就是喜歡他這個人本身。

洗娟　雖然他們現在已經沒在活動，之前還是有一陣子活動滿頻繁的，那個時期應該可以說是從早到晚都跟他們一起度過。當時作為粉絲，妳一天的行程大概是什麼樣子？

周周　節目正在播的時候，我真的無法正常生活。我的一天是從床上開始、也是在床上結束，早上起床就馬上進各種社群網站巡，搜尋李翰潔的名字，看有沒有人罵他。有人會為了防止被搜到不打本名，所以李翰潔、李1潔[14]、李2潔這些變形的稱呼我都會搜。如果真的有人罵他，那我一整天心情都會很鬱卒。

吃飯時我會一直重播影片，怕他的直拍*播放次數排名會掉下來。如果出了什麼新影片，我就會以奈米為單位分析他的每個動作，手勢怎麼樣、表情怎麼樣，然後截圖，很好，很幸福，追星就該這樣。然後再去社群網站到處巡，如果出現他以前的照片之類的，粉絲就會在那邊瘋狂稱讚啊，上傳一張照片就在那邊叫他老虎寶寶，牙齒有點突出的話就會說啊兔寶寶牙好可愛，我就會轉發點讚再儲存，然後自己在那邊各種幻想。

每次節目播出日越來越接近時，我會焦慮到快要發瘋，擔心他會不會被淘汰，真的每天都這樣。粉絲自己會做那種像指標的東西，他現在的直拍排名多少、轉推數多少、點讚數排名多少，全都列出來。我一整天都在看這些，晚上作夢當然也都是這些，所以真的真的非常幸福。

---

13 Mnet電視台的選秀節目，因可疑的得票數被懷疑投票造假，觀眾組成真相調查委員會，向檢察機關控告節目製作組，之後製作人安俊英承認造假，遭移送法辦。

14 翰（한）與1同音。

洗娟 那《PD》播完後，你平常都在做什麼？

周周 就突然很空虛，之前決賽直播我是跟朋友一起邊喝酒邊看，不是很清醒。我朋友最後還太累睡著了，但我完全睡不著，因為簡直就像奇蹟發生了一樣，我不停重播他的名字被叫到的瞬間，可能看了有上百次。但結束後真的非常空虛。我之後每週五晚上要幹嘛？生活好像突然缺了一大塊……但真的出道也是要一段時間嘛，我也只能等啦。一直等呀等，如果有人上傳在哪邊看到他們的照片或影片，我就會找來看一整天，看他從頭到腳都穿了什麼、換了什麼髮型，不停推測他們出道的概念。

洗娟 追星對妳的人生有造成什麼影響嗎？

周周 追星就是很喜歡一個人，因為這份喜歡而支持他、為他費盡心思，是非常真摯的感情，我認為能懷抱這樣的感情本身就是一件很了不起的事。所以我也覺得粉絲能夠對一個人付出愛、給予支持，是很了不起的一群人，只要想到這點我就會覺得很溫暖！

洗娟 現在來聊聊比較嚴肅的話題吧。李翰潔參與的節目最近爆出造假爭議，粉絲各自有不同的立場，妳的想法是什麼，最近心情如何？

周周 簡單來說可以分成兩大陣營，一邊是希望團體解散，另一邊則是希望團體不要受這件事影響、繼續活動。再說得更仔細一點，有人希望可以剔除跟造假有關的成員後繼續活動，也有人希望加入因造假而被擠掉的成員，再重新準備活動。

我個人是沒什麼特別的想法，無論結果如何都會無條件接受，因為每種立場我都能理解。這件事不只關乎個人，而是整個團體的存廢，這些不同的主張牽扯到許多人的利害關係，所以我認為任何意見都必須謹慎。但我對李翰潔的喜愛一點都沒有改變，不管最後如何，我只要繼續喜歡他就好了，所以怎樣都無所謂。

洗娟 這一連串事件是妳追星生涯中遇到的最大危機嗎？會覺得累嗎？

周周 嗯，光是想到X1成員受到的傷害……他們在這上面投注了將近一年時間，大家都是為了實現夢想才來參加節目，所以很認真努力，光是想到這些化為泡影，就覺得糟透了！完全可以想像他們受到的傷害一定比任何粉絲都來得大，真的讓人很心疼，我很擔心他們。他們該有多失落、多挫折啊，但即使節目證實造假，成員還是都會來官咖*，讓人很擔心他們會看到些什麼。而且很多惡意的評論會被推上Naver首頁，哎，這些就真的讓人覺得心很累。

說真的，製作這個節目的是大企業CJ，為什麼要把矛頭指向孩子們，而且他們的父母又該如何是好？決賽直播時，節目組還邀請父母參加，公布是否被選上和排名等緊張時刻都會拍父母的臉，不但殘忍，而且父母的長相都被曝光了。結果最後根本是連他們的家人都一起被耍得團團轉，這種感覺實在無法用言語形容。

洗娟 對李翰潔的未來有什麼期待嗎？

周周 希望他可以照自己喜歡的方式生活吧，我只要看著他、繼續喜歡他就夠了，嘻嘻。當然希望他可以繼續活動，這樣我才能一直有機會看到他嘛，很貪心吧？我承認。沒辦法，追星有一半以上都是這種心情啊，貪心與彩虹屁*，真的越追越會吹彩虹屁，臉皮也會越來越厚，我竟然會喜歡這種肉麻兮兮的東西？但感覺真的很好。喜歡的心情是真的，不管他做什麼都覺得可愛，做什麼都覺得幸福。

洗娟 沒在追星的人應該很難理解這種感情，妳覺得該怎麼做才能讓他們理解我們的心呢？

周周 我覺得他們不會懂的，我也覺得沒有人一開始就是因為想追星才追的，而是像突如其來的命運一般，有一天突然打開新世界的大門，然後漸漸深入骨血。如果是以前追過星但現在不追了，或只是暫停追星的人還有可能理解，但如果是完全沒追過星的人，怎麼可能懂我們在想什麼。

洗娟 我以前沒像現在這樣追星時，看到瘋狂粉絲也覺得很神奇，怎麼可能做到那種程度？只是 2D 的虛擬人物有什麼值得喜歡的？但現在不一樣了，這就是命運，一切都是命。我說得不錯吧？

周周 要是有一天因為李翰潔而受傷，妳會怎麼辦？

洗娟 希望不要發生這種事，絕對不要！但如果真的發生了，我應該會為了支持他，拒絕相信那些報導，懷疑有什麼陰謀吧，還會想說怎麼讓傷害降到最低，怎麼讓大家知道那些都不是真的。萬一是真的，我會選擇不看。

但如果是像S或J那種等級的事，我應該會馬上跟他斷絕關係，立刻冷掉吧，這個說真的……支持不下去啊。如果我喜歡的人真的做了這種事，哇……我真的會覺得遭受了巨大的背叛，前面說過的話全部不算，及時止損最好。

洗娟 這種事真的有辦法想做就做到嗎？

周周 當然不行啊。說真的我應該會大受打擊，太受傷了，心情大概也會很差，對於即使如此還是喜歡他的自己也會覺得非常羞愧，因為這等於是明知他做了那種錯事還想幫他啊。而且代表那段喜歡他的日子，我自以為很了解他，結果證明完全不是這樣。

但我覺得，越是這樣越是要打起精神，身邊應該也會有很多人要我打起精神來，雖然很難，但更要勉強自己去做，否則喜歡他這件事，就等於在助長社會的惡。

洗娟 最近接連爆出很多男藝人的性犯罪事件，妳會對喜歡男藝人這件事感到不安嗎？

周周 其實從以前就很多了，我也聽說過有偶像會評論來簽名會的粉絲的長相之類的，這種事真的有點……我常常覺得他們是只知道接受愛、但不懂得怎麼好好感受愛的人。他們因為這些愛著他們的人才能名利雙收，卻也因此被蒙蔽了雙眼，不把這種行為當回事，真的很可悲。我也會跟一起追星的朋友討論這些事，像是那個人會不會也是這樣的人、這傢伙也差不多，我們還是不要放太多感情，不要太喜歡他，要是以後受傷怎麼辦。

洗娟 妳覺得該怎麼做才能幸福的追星呢？

周周 就像剛說的，追星本身就是幸福的事，不需要什麼特定的方式。只要這個人繼續活動，不要退出演藝圈也不要犯罪，追星就能一直很幸福。當然有時候也會因為喜歡的人被罵而不幸福，但只要看到他的臉又馬上能找回幸福感。所以說，追星是幸福的事，既幸福又有趣，令人心情愉悅。

無論如何，請好好做人吧

惠烘

訪談日期：2020年2月16日

惠烘曾是BIGBANG的粉絲，專長是用小而圓的眼睛罵人。

「我們歐巴是無辜又純真的人，我曾經是這樣想的，結果他卻涉入那種骯髒的事，我當然會受傷」，「作為BIGBANG年紀最小的成員，應該壓力很大，一直以來也辛苦了。但犯了罪，就心甘情願受罰吧，一定要付出應有的代價喔」，「已經犯的罪是無法洗刷的，就像烙印一樣。我認為做人處事還是要正直點，請好好做人吧」。

對於犯罪表達強硬態度的惠烘，講出來的每句話不知為何都覺得很搞笑。

洗娟 妳為什麼願意參與這部電影呢？

惠煐 因為妳說在找曾經是迷妹的朋友，所以就來啦。

洗娟 妳以前喜歡過誰？

惠煐 我以前喜歡 BIGBANG 啊。

洗娟 請說說喜歡 BIGBANG 的契機。

惠煐 小學四年級時，班上不同偶像的粉絲之間競爭非常激烈，當時是分成東方神起跟 BIGBANG 兩派，反正如果想交到朋友就得選擇其中一團。因為跟我要好的朋友都是 BIGBANG 的粉絲，所以我當然也支持 BIGBANG 啦。對當時的我而言，這些人都是超帥氣的大人，時尚感引領風潮，像是高筒帆布鞋、羽絨背心、龐克頭、油頭那些看起來都超帥，加上音樂也很好聽，自然而然就迷上了。我記得那時候只要 BIGBANG 舉行演唱會，周邊交通都會癱瘓好幾個小時，在上岩世界盃競技場舉辦的演唱會門票也是秒殺。不過那時候他們的粉絲 V.I.P 很常被罵說沒常識。

洗娟 那樣的粉絲感覺無論如何都會擁護偶像。

惠煐 我以前好像也滿沒常識的，記得那時候常跟 SHINee 的粉絲 SHINee WORLD 吵架。SHINee 剛出道的造型是緊身牛仔褲跟高筒帆布鞋，我們就覺得跟 BIGBANG 形象雷同。V.I.P 就處處牽制 SHINee WORLD，兩邊關係也越來越差，感覺其他藝人好像也不太喜歡 V.I.P。後來我追星的態度變比較輕鬆，他們有沒有談戀愛我也不是很在意。不過在全盛時期狀況真的滿誇張的，甚至連應援手燈都可以變成武器。

洗娟 就算是現在，那種人還是會被罵的吧。

惠煐 是啊，感覺差不多，但粉絲裡就很多這種人。

洗娟 妳小時候住在大邱，不住在首都想認真追星，會遇到什麼困難嗎？

惠煐 首先像簽名會、粉絲見面會這種活動幾乎都去不了，根本沒什麼機會，不過出新專輯、開演唱會時還是會合租巴士上去。我會把新專輯的歌全存到 MP3 裡，一路上狂聽，因為到了演唱會現場必須跟著唱。在演唱會上的合唱聲真的很大，保全還會罵我們、要我們安靜一點。

洗娟 覺得追星時最幸福的時刻是什麼？

惠煐 他們用好聽的歌曲回報粉絲的時候，尤其是連非主打歌都很好聽的時候。我本來聽偶像的歌都只聽主打，但 BIGBANG 的話連非主打都會聽，真的都非常好聽，甚至還會覺得有些非主打比主打好聽。

他們不是很常回歸*的團體，正規專輯也不多，雖然我為此很常罵經紀公司，但專輯出來聽到歌曲時，真的都超棒！這是最令我印象深刻的。還有看演唱會時看到他們自己拍的惡搞短劇，都是為了粉絲拍的，一邊看都會想說「他們為了我們連這種事都願意做啊」，就覺得很幸福。

洗娟 其實在二〇一九年以S為中心爆出嚴重事件前，就已經有很多令人不安的事情發生了，當時看著這一連串事件發生，妳的心情如何？

惠煐 如果是我真的真的很喜歡BIGBANG的時期，不知道會怎樣。但那時我已經可以比較成熟看待了，所以覺得真的無法原諒耶！以前也有超多爭議啊，但無論是經紀公司YG還是BIGBANG都挺過來了，通常都是去當個兵或暫停活動反省。我猜也是他們很久沒出現了，人們忘卻的速度更快。這種小事件通常也不會被記住太久，會有一種「那件事不是無罪嗎」的印象，但現在沒辦法了，大眾不像以前一樣好對付。

洗娟 除了S，BIGBANG其他成員也有發生過一些事，妳還在追的時候沒有嗎？

惠煐 其他成員在我國三時發生過大麻爭議，但那時我並不覺得吸大麻是多嚴重的錯，而且也有報導說他以為別人給他的是香菸，抽了後才知道是大麻，我就沒有那麼嚴格看待這件事。我也是之後才知道大麻的味道非常重，馬上就可以判斷出是不是一般香菸。他當時好像是承認吸食大麻，但因為是初犯、且不是故意為之所以沒有受罰。現在回想起來，我大概是少不更事才會這樣偏袒他吧。之後又有其他成員出了交通事故，他們也因此被貼上許多可怕的稱號。雖然我很清楚BIGBANG做了不好的事，但要承認從小學開始喜歡的人竟然墮落至此，對我而言也很艱難，可能是因為這樣才選擇偏袒他們。

洗娟 這種事發生時內心應該很掙扎，妳覺得能定下心來繼續喜歡他們的原因是什麼？

惠煐 那時候應該是覺得，他們犯的錯有需要被抨擊成這樣嗎？嗯，吸大麻、開車超速撞到人的確有錯，但完全都是他們的錯嗎？給他大麻的人也有錯、在雨天酒駕的人也有錯啊！那時候的想法就是那麼可怕。

不管發生什麼事，最先想起的還是演唱會上的回憶，在演唱會大聲合唱的我們，還有安可時會假裝結束再出來繼續演唱的他們，還有周邊商品，我為這些歌手花了那麼多時間跟金錢，實在不想因為這些事浪費掉，所以才會拚命偏袒他們，也會怪公司，但現在沒了粉絲濾鏡，只覺得這些事很明顯就是錯了。

洗娟 會覺得粉絲對偶像的喜歡帶有戀愛的成分嗎？

惠煐 都叫作「偶像」了，那就是崇拜的對象吧，我覺得比起愛情，應該更接近很熟的歐巴那種感覺。但說真的，就算是很親近的朋友，對方突然說「我結婚了」也是會讓人有點傷心啊。

無論如何，在資本社會中，比起偶像歌手在音樂上的才華與成就，大型經紀公司提供產品包裝與服務的力量更大，從專輯發行開始就會安排演唱會、粉絲見面會、簽名會，這都是要投入資金的，這樣一想，就會覺得對消費者保持一定禮儀是理所當然的事。也不是說不准他們戀愛或結婚，但如果自己真的很喜歡的人沒頭沒尾的突然丟出震撼彈，要是我一定會非常傷心。

洸娟 雖然發生過很多問題，還是有很多不顧這些、一直在追男偶像的人啊，妳怎麼看？

惠烘 異性戀女性當然會覺得男性更有魅力啊，而且身邊也很難找到那麼多有魅力的男性。偶像都很注重自我管理，外貌上的吸引力當然也更大囉，再加上音樂才華就更迷人了。之所以喜歡他們，不純粹因為他們是男的，而是因為他們是長得好看又帥氣的男人啊，所以心情才可能產生矛盾，因為喜歡男偶像可能會有幻滅的一天。帥氣也不光指外貌，還包括歌唱、舞蹈、饒舌，或是很有智慧、很聰明等各種能力。我朋友裡面也有很多人即使關心女性議題，還是喜歡男偶像。

洸娟 雖然S不是妳的本命，但也是妳喜歡的團體中的一員，妳對他有什麼想法？

惠烘 我覺得他應該一直很不安，因為他的人氣或能力都不如其他成員突出。我認為就是這樣，他才會一直嘗試創業、學語言等各式各樣的事。他曾經因為想讓韓國人吃到他在日本吃過的美食，自己開了拉麵店，如果能一直維持這樣純粹的初衷就好了，現在變成這樣真的很遺憾。

我很想對他說，這段時間作為BIGBANG年紀最小的成員壓力應該很大，一直以來辛苦了。但你犯了罪，就心甘情願去受罰吧，一定要付出應有的代價喔。

洸娟 還有什麼想說的嗎？

惠煐 藝人無意間的行為都會對大眾造成影響，他們的一句話，可能會產生正面影響、也可能造成負面影響，所以更要謹言慎行、負起責任。我認為如果成為明星，就不能只顧著追求自己的快樂與興趣，更該為了實現社會正義而努力吧，這樣才能讓粉絲文化更健全發展，也能減少問題發生。除了音樂，這世界還有很多該注意的地方，我個人是認為大家應該一起努力，營造更健全的偶像粉絲文化。

洗娟 我突然有個想問的問題。妳對於現在還是有粉絲希望S留在BIGBANG裡，有什麼看法？

惠煐 同為女性，我很懷疑這些人是都不會思考嗎？妳雖然是粉絲，但在這之前請先想想妳的生理性別吧！身邊有女性被這種握有極大權力的人壓榨利用，甚至失去生命，就算這樣還是想包容S？他都還沒為自己犯下的罪付出代價，甚至只想著要怎麼為自己開脫。我很慶幸我不是這種人，幸好我還有判斷能力。

洗娟 BIGBANG一路上也是有很多風風雨雨，請說說妳對BIGBANG的想法吧。

惠煐 已經犯下的罪是無法洗刷的，就像烙印，BIGBANG大概真的會成為格外被注意的人物，所以我認為他們更得在做人處事上多留心。現在的粉絲也不會像以前一樣無條件接受一切了……海外粉絲我不是確定啦，聽說海外粉絲還是很愛他們，但韓國粉絲現在對各種事件的反應都很敏感。真是何苦呢，都賺那麼多錢了……總之，請好好做人吧。

雖然很不安，但還是先選擇相信

訪談日期：2020年11月11日

跟洗娟一起追過鄭俊英的朋友。回想過去的歲月，兩人聊到對彼此的第一印象、在粉絲論壇的暱稱、一起去旅行的回憶。

對於出事後是否會在追星時感到不安，玟敬說，雖然會不安，但還是會選擇先相信自己喜歡的藝人。

她說，活著的人不可能成為永遠的偶像，所以她尊敬的偶像是朝鮮時代的思想家丁若鏞。實在令人錯愕。在拍攝初期曾破口大罵「鄭俊英死遠一點」，罵完又尷尬的問說是不是不能講這種話的玟敬，在一年半後表示她已經無法再生氣了。不過，那段時間經歷過的感情並不會因此被抹滅。

玟敬　俊我！（玟敬大聲向洗娟打招呼，兩人沿著水營江散步，一邊進行訪談）

洗娟　欸，妳知道「俊我世」是什麼意思嗎？

玟敬　知道啊，「只有俊英是我的世界」，不是這個意思嗎？鄭俊英（以下簡稱J）唱〈只有這是我的世界〉的時候，唉。

洗娟　妳第一次見到我的時候感覺如何？

玟敬　那時候年紀還小嘛，正是想要受關注的時期，也會想盡辦法讓喜歡的藝人注意自己，所以覺得妳超帥的！妳當時是穿韓服嗎？我根本沒想到要這樣穿。而且妳還是全校第一名，我追星時真的全副心力都放在追星上，當然妳也是，卻連唸書都能兼顧，反正就覺得全校第一的頭銜超帥的。那時候會想說，要是我也能那麼亮眼就好了。

洗娟　我以前去巨濟島時不是發了文嗎？妳記不記得那時候有人看到就聯絡了我，請我們吃飯？

玟敬　嗯，那位粉絲讓我們去一家超貴的餐廳吃飯，說可以報他的名字。就算只是因為追星認識的關係，也因此蹭了一頓飯。

洗娟　沒錯，真了不起。

玟敬　妳不是還說要彈吉他，還買了把CORT的木吉他。

洗娟　我那時候就是打算去跟妳學啊。

玟敬 但最後沒學成，因為吉他斷了。

冼娟 對，我一到巨濟島上個廁所就把吉他摔斷了。老實說我也不是真的想學吉他啦，只是想找妳玩，然後想在拍照時模仿J的感覺耍帥才那樣說。我還特地穿了皮夾克去耶，天氣冷到不行，我只穿一件皮夾克，就背著吉他踏上旅程，都有種覺得自己很帥的錯覺。

玟敬 欸冼娟，我以前的照片也都是穿皮夾克的樣子耶。Rock and roll！

冼娟 呃啊，真的！我們那時候每天都那樣穿，什麼都要學他。感覺喜歡一個人就是要什麼都跟他同款，想盡辦法搭上邊，也想成為那樣的人。現在想起來都覺得好笑，但那時候超認真的。

玟敬 我那時候最要好的朋友應該就是妳了，可以分享最喜愛事物的朋友，只有妳能感同身受。但現在沒有能跟我產生共鳴的人了，無論我再怎麼隨心所欲的在朋友群組裡狂發喜歡的藝人照片，也無法填補那個空缺。

冼娟 妳是怎麼喜歡上J的？

玟敬 應該全韓國的人都有看《Super Star K 4》吧，那時候就對J這個人有印象，長得很帥、眼睛又大、身高又高。一開始是喜歡他的外表，後來就覺得他很有魅力，貫徹搖滾精神的自由奔放，歌也唱得很好。那時候我只要說自己喜歡J，大家都會問為什麼喜歡他，因為他在《臉讚時代》的形象太根深柢固了，我只能不停為他解釋，說他不是那樣的人，他有自己的小世界、很認真做音樂、吉他也彈得很好，還曾經去中國留學，父親是外交官，真的是很不錯的人，說到口都渴了。

洗娟　你覺得他最有魅力的地方是什麼？

玟敬　我覺得是不在意他人目光這點，想說的話都會直接說。他一開始看起來真的很自由奔放，穿著拖鞋跟大大的帽T、配那種長得像內褲的褲子就去上可視廣播[15]，跟一般藝人有點不同。

洗娟　對啊，因為我們以前看到的都是華麗又閃閃發光的藝人。

玟敬　還有種油腔滑調的感覺，妳懂吧？他又很多才多藝。哈，就是有這種魅力，會拋媚眼啊，在自己的演唱會上跟我們開玩笑之類的。

洗娟　沒錯，這種他很會，很擅長用這種方式逗得人心癢癢。

玟敬　就是說啊，他只要笑一下我就會很開心，因為他不是天天跟機器人一樣笑個不停的人，是真的心情好才會笑，只要他看起來有點悲傷，我就覺得快要發瘋。

洗娟　他對妳產生了哪些影響呢？有到現在都沒改掉的嗎？如果現在沒有了也行。

玟敬　J以前上可視廣播時唱的那些歌，像〈序詩〉這些名曲，我到現在都還是很喜歡。

15 在可看見內部的錄音室進行的直播廣播節目，粉絲可在錄音室外即時觀看。

因為那不是我們這個年代的歌曲，如果不是他唱過，我可能完全不會接觸到，因為J我才有幸認識〈只有這是我的世界〉、〈序詩〉、〈蒙娜麗莎〉等歌曲，到現在都還在聽，當然是聽原唱版本啦。

他以前喜歡很多歌手嘛，像YB、電臺司令之類的，都是我們這個世代不知道的搖滾巨星，我也因此聽了很多外國歌手的歌，到現在都很喜歡。喔還有，J的歌我全都可以用吉他彈奏，雖然我一直都沒什麼毅力，但J的歌我全都會彈。

洗娟 現在要談點嚴肅的話題了。二〇一九年三月不是爆出了群聊事件嗎？

玟敬 一開始我是不相信的，因為他在二〇一六年被爆出偷拍，後來澄清說是經過同意拍攝，那時一開始罵他的言論都被視為惡意留言。我就想說，該不會又是這樣吧。而且他那時參加了很多綜藝節目，像《兩天一夜》、《窮遊豪華團》，我對他在節目中機靈又有禮貌的樣貌很滿意，結果卻爆出這種事，對我簡直是天大的打擊。啊，這次是真的……那個打擊大到讓我甚至想說，我以後再也無法相信男人了。

洗娟 妳本來不相信，為什麼後來會相信呢？是因為有證據嗎？

玟敬 嗯，證據出來後我就相信了，而且他跟那些有問題的藝人本來就是一夥的啊，又確實傳了有問題的訊息，看到這些我就覺得，這人是瘋了吧。當然也感到被背叛，他本來是我那麼信任的歌手，我的學生時期幾乎都在追著他跑，結果現在只要看到那種案件都會想起他是個罪犯這件事。而且他犯罪的嚴重程度太令人震驚了，是個人的話絕對做不出來啊！他就是在騙人，不只欺騙粉絲，對女性本身也是一種欺騙，他是多瞧不起這個世界，才幹得出這種事？

洗娟 妳有什麼想對J說的嗎？作為他曾經的粉絲，妳希望他未來怎麼做？

玟敬 他犯了那麼嚴重的罪，卻只被判了五年。我無法理解，我希望他受到更重的懲罰，因為他本來臉皮就很厚，只有五年絕對不夠他反省的，可能又會再結交那種狐群狗黨。希望他能受到更嚴厲的懲罰，再也無法出現在演藝圈，我再也不想看見他。

洗娟 再也不想看見他？

玟敬 嗯，永遠不想看到。

洗娟 再怎麼說都是喜歡過的人，不覺得有點心酸嗎？

玟敬 完全不會。雖然我喜歡過他，但我也是女性，一點都不覺得心酸。我無法理解那傢伙，完全不符合我的道德觀。

洗娟 說得很對，但還是有很多做不到的人啊。

玟敬 老實說我看到那種人也會想：「到底幹麼偏袒他？」但我覺得他們就算一開始支持，也會漸漸淡忘，跟我經歷一樣的脫飯過程吧。但如果是妳，我就會罵妳兩句。

洗娟 妳會罵什麼？

玟敬 洗娟啊……傻我世，清醒點，他是罪犯啊！為什麼要幫他講話？

洗娟 剛剛聽到妳說的背叛感，我現在又覺得沒辦法再追星了，就像被重重打醒。原來妳也有那種感覺啊，覺得以後無法再喜歡上別的藝人了。

玟敬 不只如此，我連對戀愛的想法都改變了。連受到大眾關注的藝人都會那樣，更何況是出事也不會特別受指責的一般人。這種想法對我的戀愛觀產生了影響，從那時候起，我就下定決心不再喜歡男藝人了。

洗娟 那個決心維持了很久嗎？

玟敬 沒啊，結果還是又有喜歡的藝人了，現在是 Fly to the Sky，大概喜歡六年了，其實他們也發生過很多事，但都是還能接受的程度，跟J不一樣。

洗娟 是啊，有些人會說，這樣對藝人的道德要求會不會太高，但這種事不管是鄰居大叔還是J，誰都一樣，都是錯得離譜的犯罪行為啊。

玟敬 沒錯，而且公眾人物難道不該用更高的道德標準要求自己嗎？

洗娟 就是說啊，不管是唱歌還是跳舞，他們都是靠大眾的關注賺錢的。不過，重新開始追星後妳有沒有那種感覺……有點不安？

玟敬 老實說，我每天都很不安，現在也很不安，看喜歡藝人的 Instagram 也會不安。而且我除了J其實也喜歡過其他藝人，沒愛得那麼深的藝人有姜成勳[16]……

洗娟 嗄？姜成勳？

玟敬 朴有天[17]、

洗娟 嗯？？？

玟敬 還有龍俊亨[18]。

洗娟 呀……妳是怎樣。

玟敬 朋友們都說，「欸，妳喜歡的藝人都爆了耶！」是沒錯啦，但說起來也是男藝人太常出事了吧！

洗娟 對啊，不是我們的問題，是他們真的很容易出事。

玟敬 嗯，所以雖然不安，但我還是選擇先相信我喜歡的藝人。

洗娟 包括政治人物在內，很多被視為偶像的人都跌落神壇了啊。這些受到信任與喜愛的人卻做出令人失望的事，妳怎麼看待？

玟敬 老實說，我覺得都是有可能發生的事，畢竟都是人，當然可能做錯事。而且就算他們犯錯，我曾經受到的影響跟回憶也不會因此消失啊，帶著在他們鑄下大錯之前累積的

16 偶像團體「水晶男孩」前成員，後來捲入詐欺爭議。

17 「東方神起」、「ＪＹＪ」前成員，涉入性侵、毒品案。

18 「Highlight」前成員，曾收過鄭俊英傳的私密影片而捲入爭議。

某些影響，再找尋新的偶像，我是可以反覆這樣的過程的。說真的，我認為將活著的某個人永遠視為偶像是不可能的，舉例來說，有一個人真的是我人生中最尊敬的對象，那就是丁若鏞先生。

洗娟 丁若鏞？

玟敬 嗯，他是一位思想家。但丁若鏞先生已經過世了，他的功績也不會再產生任何汙點，所以我就能真正地尊敬他。如果我跟丁若鏞先生生在同個時代，就可能因為他有什麼汙點而改變對他的尊敬。所以我才覺得已經不在世上的人才可能成為永遠的偶像，這些被我們視為偶像喜歡的人，總有一天會被取代。

洗娟 妳覺得怎樣才能成為一名成功的粉絲？

玟敬 小時候覺得能被喜歡的藝人認出來才算是成功的粉絲，但我現在不這樣想了。我認為能透過藝人，使自己的人生更加成長，那才是真正成功的粉絲。而且就算距離很遠，仍能真心為那個人的人生加油，我覺得這才是健康的追星方式。追星這件事本身就是走入、深入一個人的人生，再將此轉化為自己的人生，就像一種憧憬。但還是要隨時牢記，這個人跟我們一樣都是平凡人。可以說是受過傷的人的經驗談吧，雖然能不能按照自己的想法去做也是個問題。我們都太過包容了，我也是如此，應該要更客觀的去看待喜歡的藝人，才能更健康的追星，我想表達的是這個。

傷最重的是他自己

孝實

訪談日期：2020年10月14日

《體育首爾》記者。洗娟在自己以前的日記中發現寫過她的名字，於是沒頭沒腦地向她提出採訪邀約，她居然也同意了。

在鄭俊英群聊事件發生的三年前，她曾寫過有關鄭俊英性犯罪的報導。訪談時，她分享了當時的心境與現在的想法。洗娟身為犯罪藝人的粉絲，向記者道了歉、並傾聽記者的說法，這段訪談也是電影《成粉》中的重要場景，不僅深入說明了洗娟與朋友不停提到的關鍵事件，也成為意想不到的有趣看點。

洗娟　先向您自我介紹，我叫作吳洗娟。之前一直猶豫要不要聯絡您，猶豫了超過一年吧，終於在上個月決定寫信給您，您這麼爽快地答應邀約真的讓我很驚訝，很謝謝您。想請教您答應之前，沒有猶豫過嗎？

孝實　其實我收到 email 時也很驚訝，但您在信中所說的實在讓我很有共鳴，而且您又在拍紀錄片，我覺得您真的非常優秀，所以也想跟您見一次面。

洗娟　能請您先講講在二〇一六年九月二十三日報導有關鄭俊英（以下簡稱J）的內容嗎？

孝實　好的。我記得那是週五晚上，我們收到了消息，但並不是關於被害人準備提告的內容，而是已經提告，警方結束調查後將起訴意見轉交給檢方的階段。一般如果案件已經將起訴意見轉送檢方，就會以真實姓名進行報導。我們也透過其他管道確認了案件真實性，接著就與經紀公司聯繫。我記得他在《Super Star K 4》結束後先跟CJ簽了經紀約，轉到C9後就沒有聯絡方式了，連負責歌手線的人也不知道，當時負責歌手的那位記者雖然嘗試了很多次，但都聯絡不上經紀公司。所以既然內容已經經過某種程度上的確認，報導就這樣刊出了。

洗娟　大眾當時看到報導的反應是？

孝實　其實那則新聞連收到消息的我本人都不敢置信，當時固定參演全國最受歡迎的綜藝節目《兩天一夜》的J竟然涉入這種事，一開始大家都很震驚，大部分是不敢相信。但要說為什麼攻擊目標會從事件本身蔓延到我身上，最重要的轉捩點應該是他的經紀公司的第一次回應，再來也可能是完全聽信經紀公司說法的其他媒體報導。您問過我，當時是否因為各種針對我的指責而受傷，但我覺得都在可以理解的範圍，畢竟連我自己可能都無法相信喜歡的藝人會做出這種事。但令我驚訝的是，經紀公司斬釘截鐵地表示這件案子已經做出無嫌疑的結論，其他娛樂記者也就按照這個說法報導，等於是將我的報導定調為誤報。

我覺得非常荒唐，因為他們應該要先確認這件案子是不是真的已經將起訴意見轉送檢方了，經紀公司是沒有權力去說這件案子到底有沒有嫌疑的。但演變成這樣，網友當然會覺得我就是誤報。

洗娟 我也看了您接受CBS廣播《金賢靜的新聞秀》的訪談。

孝實 那次訪問中有提到我受千夫所指的原因吧。ilbe[19]上有人質疑為何報導曝光了起訴時間與被告男性的姓名，卻不曝光女性的姓名，是不是性別歧視？一下就把事情擴大成性別議題，所以許多人開始用很針對的方式攻擊我，說我是那種愛找麻煩的女性主義者，想破壞J的名聲，事情越鬧越大，不只論壇發起有組織的攻擊，我的個資也被挖

19 極右派社群論壇網站。以歧視女性、移工等各種特定族群而惡名昭彰。

出來，甚至出現掛著我照片、寫滿髒話的貼文，我以前寫的報導底下都被這種留言洗版。

其實我在那年四月結婚了，公司刊登結婚消息的報導還可以看得到新郎的姓名跟公司，他們從那得知我先生公司的電話跟電子信箱，還寄信去罵人，我自己的信箱當然也收到很多。

洗娟 您剛說的二〇一六年，我還在讀高二，當時十八歲。週五晚上報導出來的隔天，我去參加週末自習，朋友都問我：「欸妳的歐巴怎麼辦啊？」一直聽到他們這樣說，就算我是粉絲，還是不由自主地覺得搞不好是真的嘛。但我還是盡量很理智地說「在歐巴親口證實之前，先觀望一下吧」用這種方式安慰自己。

後來過沒幾天就開了記者會說無嫌疑，沒什麼大不了的、只是開個玩笑，歐巴都這樣說，粉絲當然也安心了，同時也帶起相關報導都是誤報的風向，之後好像就開始獵巫了。我猶豫很久才聯絡您也是因為如此，實在覺得太羞愧、太抱歉又太丟臉了。慶幸的是，我很膽小，怕留不好的留言會被警察抓走所以沒做那種事，只是默默在日記上亂寫一通。我今天來的路上也想過，在您面前唸出我的日記是不是不太好，因為裡面都是討厭您的內容，直接在您面前唸有點……

孝實 沒關係的。

洗娟 那我就唸了。這應該是九月二十三日報導刊出當天寫的：「竟然說J性侵，我打從一開始就不相信，應該是搞錯同名的人了，沒事的。果然只要是人就會有野心，學生有想取得好成績的野心，導演有拍出賣座電影的野心，記者的話，大概就是想受到關注吧，想用自己的報導讓整個世界天翻地覆。但他們應該知道，這種野心有時也會造成別人困擾，甚至是痛苦。朴孝實記者，我會記住這個名字的，壞蛋。」

（洗娟、孝實一起大笑）

孝實 我完全能理解粉絲的反應，怎麼可能不理解，因為對大眾而言，能做出正確判斷的資訊實在太少了。這也是我剛剛為什麼會說對處理這篇報導的記者感到有點遺憾。記者應該向大眾提供足以做出公正判斷的情報，卻總是提供太單方面的說法。當然這是我自己寫的報導，這個……算是為了公眾利益寫的報導嗎？雖然是關於知名藝人做出某種犯罪行為的報導，但我自己也會想，這些真的公正嗎？是完整的報導嗎？還是會覺得有不足之處。

洗娟 啊，真的嗎？

孝實 是的，還是有些遺憾的。我也想過，如果能跟經紀公司確認過，在報導中加上「公司表示這件事是怎樣怎樣」的回應再報導是不是會更好。

據我所知，在性暴力相關的處罰條例中，無論是否與當事人進行協商或對方撤告，這種案件都是無條件先移送（司法機關）。因為如果我是被害人，我有可能會因為害怕或需要錢而接受和解，但這個人的行為究竟有沒有錯，都必須經過刑法的檢視。當時的報導也應該要指出這點。

洗娟 嗯，也就是說就算只是意外，就算已經撤告，也應該指出這是錯誤行為的意思，對吧？

孝實 對，因為這是事實。令我驚訝的還有一點，就是完全沒人關心被害人。當初是被害人本人提出這件事的，我認為她應該真的很痛苦，提出了這個問題，卻被指責是在背後捅愛人一刀，甚至還讓她必須發文說「J是個善良的人」。

當 Burning Sun 事件越演越烈，甚至爆出群聊事件，這位當事人看到會是什麼感覺呢？當初自己受到傷害而提告，但警察沒有徹底進行調查就將案件移交給檢方，那時候調查到的手機就已經刪除所有可以成為證據的內容了。那個人交出了相當於一具空殼的手機，最後因犯罪嫌疑不足得到不起訴處分，變成提出問題的當事人很奇怪，這讓我不禁懷疑這位當事人是否還能正常地生活下去。

洗娟 既然提到了被害人，雖然是我完全不認識的人，但看看網路上當時的留言，都是「哎呀藝人也真可憐」這種話。我之前就想，今天見了面一定要向您道歉，但又覺得跟您道歉真的對嗎？會不會只是為了讓自己心裡好過一點才道歉的，所以有些猶豫。即使如此，我認為還是應該向您說這句話：對不起，我以前真的太無禮了。雖然我無法代表所有粉絲，但作為其中一名粉絲……即使現在說已經太遲了，但真的很抱歉。

孝實 謝謝妳這樣說，我真心感謝。就像之前收到信時向您提過的，我光是閱讀您寫的文章就覺得被治癒了。我一直以為自己早就拋到腦後了，看來內心深處還是有點疙瘩吧，但好像因為您的來信一掃而空了。真的很謝謝您。

洗娟 謝謝您。雖然我沒什麼資格讓您向我道謝，但還是很感謝您這樣說。那我們再來聊聊二〇一九年的事吧。群聊事件在二〇一九年三月曝光後，您在三年前寫的報導又再次受到矚目，想請教您在新事件曝光時的心境。

孝實 以 Burning Sun 事件為開端的勝利門報導刊出後，當時首先報導的 SBS 姜京允記者聯絡我，表示在採訪 Burning Sun 事件過程中發現了與 J 有關的疑點，問我三年前採訪時是否有從檢警那裡聽到什麼奇怪的事。我當時的確是寫了有關檢警態度反常的報導。

洗娟 真的？

孝實 對，我那時每天都在寫相關報導，雖然根本沒人願意聽我說。但就我的認知，有關非法拍攝的性犯罪案件會先扣押手機，接著就可能從手機流出的電腦、通訊軟體等地方搜查。但J的調查從頭到尾只是一直在乾等J方便的時間，如果J在忙、有拍攝工作，那就請他方便的時候來一趟，大概是這種感覺。這樣一來，能湮滅證據的時間不就非常充足嗎？當然警方有各種理由。

而且據我所知，J提交的甚至是已經接受過鑑識的手機。我覺得調查細節太反常了，於是去問警方是否已經進行手機鑑識、J什麼時候要出面接受調查，但警方的態度超級不耐煩。妳不是都已經知道、還寫報導了嗎？幹麼一直打來，都是這種反應。

移交檢方後，我又去問，現在起訴意見已經移交檢方，請問調查大約進展到什麼程度，進行科學鑑識了嗎？檢方給的回答是，「對於這件事，就算進行鑑識也不代表什麼」。這也有點怪，在已經有充分時間湮滅證據的狀況下，檢方才拿到手機，能找出多少有意義的內容？其實檢方應該也很鬱悶，而且經紀公司已經說出無嫌疑所以不起訴結案這種話，從檢察官的立場來看，看起來很像是檢方跟經紀公司串通了啊！所以當時他們也很火，問我是誰說了那種話，我說是經紀公司代表說的，他們就說，這不是經紀公司代表該說的話，調查還沒有結束。這些檢方回應我也有寫成報導。

所以，整件事都很奇怪。雖然就我們所知，這個人的事件是姜京允記者在二〇一九年報導出來的，但其實在我二〇一六年的報導之後，還發生過一次類似事件。

洗娟 在二〇一六到二〇一九年之間嗎？

孝實 對，那時候也一模一樣。明明就偷拍了，推測可能還散布了出去，所以女方就舉報了，進行調查時看起來也有嫌疑，最後不知為何卻不了了之，說是達成和解還怎樣的。總之，SBS在調查群聊事件時似乎察覺到一些共同點，所以追溯回去，懷疑他可能在二〇一六至二〇一九年這段期間持續進行類似偷拍的犯罪。

洗娟 沒錯，就算您不說，我也對二〇一九年公開的群聊內容有很大一部分發生在二〇一六年感到很驚訝。不只是我，我認識的其他粉絲也說，最震驚的是他說「我去裝裝樣子道個歉再回來」，這正是他在二〇一六年舉行記者會、反駁您的報導前，傳給朋友們的訊息。

他犯罪的這件事本身對粉絲雖然也是一大打擊，但「假裝道歉一下就回來」這樣明擺著欺騙的話，更覺得受到莫大的背叛。您是怎麼看的？

孝實 我成為娛樂記者後，對表示喜歡或討厭某個藝人這種話變得比較謹慎。以這種態度為前提，J先生也是我很關注的藝人，我寫過很多關於他的報導，但光靠這些就能說你認識他嗎？說真的我也有點嚇到，看到他說出那種話，無論是誰都會驚訝吧。我就想，要說出自己認識一個人這句話，究竟是多難的一件事啊。背叛感？有一點點。但他的形象本來就很愛耍帥、有點愛裝腔作勢，也可能是他本人不想道歉，但公司要他道歉，才會說出「我去裝裝樣子道個歉再回來」這種話。

洗娟 我也很好奇，二〇一九年事件曝光時，您不覺得委屈嗎？

孝實 比起委屈，我更覺得慶幸。雖然二〇一六年事情發生後我過得很辛苦，但無論如何，最後的結論還是無嫌疑啊。

我記得J先生從法國回來後，跟我們做了個訪談，還是獨家專訪。那時他說，這次事件無意間牽連到我，公司對我感到很抱歉，所以我一邊進行訪談、一邊做了個「我們（公司）沒有惡意」的手勢。他們的代表也向我道歉，說很抱歉讓我受到攻擊。我也說我反省了自己是否真的有做好記者的工作，認知到自己寫的一句話都可能讓一個人的人生毀於一旦，是不是忽略了該更慎重處理的原則。當時有過這樣的對話。

我其實很希望J能好好的，如果他因為這件事受到不好的影響，我可能會受到更嚴重的攻擊，所以我也真心為此祈禱過。這次事件爆出來時，嗯，雖然對他本人來說很不幸，但我真的很慶幸有機會讓大眾知道，我之前寫的報導並非完全錯誤，雖然我受了委屈，但現在就算不去澄清，大家也能理解。也有很多人對我說辛苦了，這段時間以來因為這件事吃的苦頭如今終於可以像融雪般消逝了，沒事了，妳做得很好。很多人這樣安慰我，讓我很開心。

洗娟 再怎麼說，記得二〇一六年事件的人，在二〇一九年一定都會想起您，我也是如此。

孝實 在您看來，是什麼樣的感情，會讓人只相信自己相信的人說的話呢？

洗娟 我認為這是很自然的反應。大部分粉絲都不認識我，在這種狀況下馬上百分之百信任我也很奇怪吧。我也不是無條件相信每個記者寫的報導，但會相信事實。這次事件中，重要的是連事實本身都被否定了，就像我剛說的，這對粉絲而言是有可能發生的事。

孝實 現在還有粉絲並未脫飯，妳對他們有什麼想法呢？

洗娟 應該很類似朴槿惠總統的支持者吧？我曾經相信、喜愛過某個人，但他如果根本沒有被喜愛的價值，不就代表我錯了嗎？代表曾經深愛那個人的我的信念、我奉獻的一切與時間全都化為烏有。他們就是無法接受這種狀況的人吧。

J先生應該心懷感恩，希望他刑滿出獄後真的改過向善，向這些一直等待他的粉絲展現出更好的面貌。作為J這個人，也可以邁向更好的人生，而不是到此結束了。他還很年輕嘛。

孝實 您的意思是說，他以藝人身分復出也沒關係嗎？

洗娟 他要在演藝圈復出應該不容易，電視圈也是有原則的。不過……不知道耶，就是希望他無論用什麼方式，都能堂堂正正的生活吧。

孝實 好的，現在大概要進入最後一個問題了。我人生中最喜歡、也喜歡最久的人就是J，大概是從國一到高中畢業前，喜歡了大約六年。您知道這部電影的名字叫作《成粉》嗎？我以前曾上過電視喔，可以說是追星成功的粉絲。

孝實 真的啊？

洗娟 您知道《向星葵》這個節目吧？以前姜鎬童主持的。我曾經以J粉絲的身分上過那個節目。

孝實 哇，我見到了真正的成粉呢。

洗娟 對啊，所以那個人對我的價值觀也影響很深，更讓我覺得自己遭到了背叛。剛開始我覺得，變成這樣要我以後怎麼去相信或喜歡任何人，尤其是藝人。雖然我喜歡他很久，但對他的了解其實非常有限，才會因為他與我認知中大相徑庭的另一面受到打擊、失望，覺得沒辦法再喜歡任何藝人。但現在好像又不這樣想了。

孝實 您現在喜歡誰呢？

洗娟 這也是有點神奇，我本來以為拍電影很忙應該沒辦法追星，但不久前看了《祕密森林》就迷上演員曹承佑了。

孝實 我也喜歡他。

洗娟 真是不知道怎麼辦耶，喜歡到無法控制自己想追星的心，明明之前還想說，不知道有沒有辦法繼續追星的……很奇怪吧。我也常覺得自己是不是還沒清醒。您對我這種不知道能不能再相信人的煩惱有什麼看法呢？

孝實 人會喜歡上某種事物應該是很自然的事。生活那麼辛苦，但如果有喜歡的人，人生就會變得元氣十足，也會產生正面影響嘛。這樣說來，我也喜歡最強昌珉喔。

洗娟 真的啊？

孝實 對啊，最強昌珉的形象很正直啊，經常看到他又向哪個單位捐款的消息，西海發生油輪漏油事件時，他也去現場幫忙，做了很多善事。每次看到這些消息我就會想，我喜歡的歌手真有正義感啊，然後也會跟著捐款。

如果可以從藝人身上得到正面影響也不錯，但明星也是人，都是不完美的嘛，我認為要求明星當個完人就太苛刻了。也因為如此，我認為部分J的粉絲沒有忘記這點，希望他在贖罪後仍能好好生活的這份心意非常美好。

人生苦短，喜歡一個人怎麼會是壞事呢，當然是好事囉。能認知到這世界上還有許多我喜歡的人，才會感到安心呀，世界也會變得更光明。

洗娟 您說得真是太好了。聽到您說粉絲的心意很美好，讓我有點驚訝，也讓我覺得原來還可以有這種正面的觀點。其實我剛開始製作這部電影時，完全是怒火攻心的狀態，對於竟然還有粉絲支持他，只覺得這些人真是瘋了，但經過一年多的深入了解，我也開始能理解他們的想法了。真要說的話，我在二〇一六年也是抱持這樣的想法啊。

孝實

是呀，那件事雖然讓許多粉絲受到傷害，但其實受傷最深的是J本人啊。傷害我的是最愛我的我自己，這跟自殘沒什麼兩樣，當然也會受到比任何人都嚴重的傷了。雖然不知道他現在過得如何，但人生還很長，希望他改過自新，讓粉絲看見他好好生活的樣貌。如果真能如此，也是很帥氣的一件事吧。

看人的眼光也會遺傳嗎？

訪談日期：2020年9月22日

洗娟的媽媽。該說是平行理論，還是看人的眼光會遺傳？雖然媽媽不認同，但似乎沒說錯。

媽媽喜歡演員趙珉基的時間比女兒成為鄭俊英粉絲還早，據稱是迷上他穩重斯文的形象，沒想到他卻利用職權威逼學生、進行性犯罪，甚至在法院審判前撒手人寰，讓媽媽深感背叛。

神奇的是，談到女兒喜歡鄭俊英時，原先的憤怒卻一掃而盡。「我很感謝鄭俊英啊」，回憶過去的媽媽臉上透出一絲笑意，雖然這是鄭俊英提出上訴前說的，但媽媽還是講出相當重要的一番話：「事情過後再回頭看，就覺得哪有完美的人啊，這個人到底是怎樣的人並不重要，重要的是喜歡他的過程。」

洗娟 我跟姐姐小時候每次問媽媽喜歡的藝人是誰，妳都說「歌手是李文世，演員是趙珉基（以下簡稱M）。

成慧 嗯，對啊，但我應該更喜歡歌手。

洗娟 嗄？妳現在是要強調妳更喜歡李文世嗎？

成慧 嗯，對啊。

洗娟 但我還是想聽多一點關於M的事。

成慧 喔。

洗娟 妳是怎麼知道M、又是怎麼喜歡上他的？

成慧 我不太記得確切是哪一年了，反正是妳們還小的時候，我還是全職主婦，追了M跟吳娟受演的一部叫《敢愛》的劇，M在裡面演一個紡織品進口公司工作的角色，吳娟受好像是行銷吧，反正就是那種職業的人。兩人因為公司業務往來認識後產生好感，會跟彼此分享在公司遭遇的難處與痛苦之類的。那齣劇沒有很紅，但我看得很開心。

洗娟 是因為那部戲入坑的嗎？

成慧 對呀，大概是以為M就是跟劇中角色一樣的人吧，那時候很入戲。當時已經有網路了，但除了官方網站，沒什麼特別的資訊，但我還是很認真的去找了M相關的東西來看。那時候妳跟姐姐相繼出生，我一邊忙著顧小孩、一邊擠出時間去找有關他的資訊，就發現有粉絲論壇。我那時候還只是一般訪客，要得到管理員許可才能發文或看其他留言板。論壇還會上傳很多照片，會員看起來不是很多，彼此都認識，好像還會舉辦定期聚會。但那些活動都是以首爾為主，我也沒想過要參加。聽說那個粉絲論壇的管理員就是M本人，我們如果發文他就會回覆，也多虧他，我才知道麥金塔電腦這種東西。

洗娟 就是現在的Mac、iMac嗎？

成慧 嗯，M應該是用那個修自己拍的照片，照片真的很好看。那時他上傳的照片我都會看，也曾經非常喜歡他。但後來妳們都大了，我也越來越忙，感情就淡了吧，所以只留下了美好的回憶。

洗娟 妳覺得M最有魅力的部分是什麼？還有妳以前覺得他是什麼樣的人？

成慧 我本來覺得他是斯文穩重的人，看了劇又更加深那樣的印象。但如果看他的訪談，會覺得他有點距離感，喜歡嘗試新東西，感覺跟一般大叔不太一樣。而且我實在入戲太深，還會覺得他跟劇裡一樣是個受過傷的人。一般人看到受傷的野貓或小雞，就會生出一種想照顧牠們的感情嘛，大概就是這種感覺。

洗娟 雖然媽媽說自己是不積極的粉絲，應該還是有覺得追星很快樂的時刻吧？

成慧 大概是因為我深入了解他的時間很短，現在想不太起來了，只覺得當時那是我人生的活力來源，可以暫時逃脫疲憊的日常。哄睡孩子們後，就算犧牲睡眠也會擠出時間來看看有什麼新文章，而且因為他是夜貓子，我也會想說「啊，我們會不會在同一時間上線呢」，有點小小的期待。雖然最後我還是沒辦法撐到半夜，沒有跟他在線上相遇過。

洗娟 他有回覆過媽媽發的文嗎？

成慧 嗯，像是很高興見到妳之類的。我不太積極參與，通常只是看看就滿足了，收到的留言應該就是歡迎妳加入或很高興見到妳。除了這種禮貌性的留言，他應該只會對認識的人用心留言，那感覺很明顯，我也會想說要是能趕快打入那個圈子就好了。不過我就是個不積極參與、光看就很滿足的菜鳥啊，追星的菜鳥。

洗娟 M涉嫌性騷擾，許多受害者出面參與Me too運動，爭議越鬧越大時，妳有什麼想法？

成慧 聽說發生過這種事的時候有點失望，對我這種粉絲而言，那個人在我們心中的地位很高，可以說是理想型，所以很失望啊。而且還不是一兩次，怎麼有辦法對可以當自己女兒的人做出那種事……這樣一想就更失望了。

洗娟 跟媽媽一直以來看到的形象完全相反，打擊更大吧？

成慧 當然啊。原本的形象是個斯文男，結果卻是禽獸……想到我曾經喜歡過他就更想罵髒話，是腦子進水、瘋了吧！都是這種想法。但也想說他本來不是這樣的，是墮落了嗎？還是他本來就是這樣，只是我不知道？不過我現在也不想知道了，完全不想理解他，所以我才不喜歡男藝人。妳有把我拍好看一點嗎？

洗娟 很好看。

成慧 那我就繼續說囉。

洗娟 妳的眼睛有點無神。我再問妳一些問題，那時候妳的心情如何？

成慧 看來我真的很不喜歡他，才會連那麼嚴重的事件都忘得一乾二淨。那真的是無法原諒的事，自行了斷生命這件事本身也是二度傷害。居然還沒贖罪就死了？犯錯就該好好反省，說真的很抱歉啊，他根本是擔心有人攻擊他，因為膽怯就自己先去死了，那被留下的人算什麼？又要家人怎麼活下去？就算得面對指責還是什麼的，本人也該活下去為自己的過錯贖罪啊。

但我也在想，他如果會為這種事羞愧的話，還會惹出這種事嗎？這樣一想就覺得，尋死也滿像他會做的事，胡作非為之後拍拍屁股一走了之，實在很不負責任。為非作歹的人更不該這樣做。

洗娟 這種大快人心的發言真棒。不過妳會覺得，無法跟他一起好好地老去很可惜嗎？

成慧 如果沒有發生那件事，看到他的話我應該會想，啊我以前喜歡過這個人呢，他竟然有這樣那樣的變化、戲路變廣很多呢，也會為此感到欣慰吧。真要說的話，粉絲也不是非得要喜歡的明星大紅大紫，因為也不可能永遠演主角嘛，隨著年紀增長，只要還能看到他出現就該感謝了。但他在人們心中烙印的卻是最糟糕的形象，真令人遺憾。

洗娟 媽媽會後悔喜歡過他嗎？

成慧 不會，我不後悔當時喜歡他，也不後悔加入粉絲論壇這些事。其他的就算了，但最後做出那種選擇真的是……會讓我覺得，原來你只有這種程度啊。雖然不後悔，但也會想，我實在沒必要為你的死感到惋惜。

洗娟 現在來談談鄭俊英（以下簡稱J）吧。從我國一看了《Super Star K 4》開始追星，媽媽一直在我身邊看著，這應該也是我第一次認真地做一件事，看著這樣的我，妳的想法是？

成慧 俊英（以下簡稱J）呢，我叫他J也可以吧？反正呢，他看起來就是很瘦弱、好像會被風吹走的樣子，我那時候覺得Roy Kim看起來比較令人放心，長得也比較像好孩子，所以比較喜歡他。雖然妳只抱著喜歡歌手的心，但做媽媽的還是會注意一些別的嘛。

洗娟 別的什麼？

成慧 如果當我們家女婿怎麼樣？當然也會用這種角度來看啊。總之就是覺得他瘦巴巴的，笑起來又痞痞的，不過他很有才華，還上了《兩天一夜》，就突然有種把他當兒子看的心情。

洗娟 等一下，現在不是要聊他，是在問妳對我的看法。

成慧 喔喔，妳那時候開始追星、加入粉絲論壇後，不知不覺好像就找到了自己的定位。妳的帳號是什麼來著？想不起來了，反正那時候該知道的人都會知道，妳完全沒有想隱藏。然後《Super Star K 4》結束後過了一陣子，妳還是對他一片痴心，老實說我一開始還想說看妳可以撐多久。妳國一時說想去看年底在釜山辦的演唱會，我就讓妳去了，其實那時候我還是不太贊成的，怎麼可能從一開始就支持嘛。

洗娟 那時候媽不是跟我說，如果全校第一名就讓我去嗎？

成慧 那時候我不是要妳考第一名入學，而是要妳在入學後考第一名，啊，是因為妳那時候考了全校第十八名才這樣說的吧。

洗娟 有那麼糟嗎？

成慧 不是啦，那時候妳一直追著他跑、成績下滑，我才那樣說的。雖然不太贊成，但我還是在可能的範圍內支持妳啦，我學生時期也是追過文世歐巴的好嗎？那時想去看文世歐巴，妳外婆不幫我出錢，只能自己存零用錢去。外婆雖然沒有很反對，應該也不太高興吧，但還是讓我去了。

如果喜歡一個人，就會付出相應的心力嘛，我是覺得沒什麼關係，也不覺得是壞事，才同意妳去看釜山演唱會了。雖然之後事情越搞越大……

洗娟 我追星時媽媽也很辛苦吧。一下說要去演唱會、一下說要自己去首爾看粉絲見面會，還跟媽媽冷戰。

成慧 對啊，我們那時候是第一次好幾個小時都沒跟對方說一句話。

洗娟 之後我還各種亂來，去上電視啦、到處亂跑啦，每次都要媽媽去龜浦站買票……

成慧 啊、對，那時候搭火車還是用實體票耶。

洗娟 不只是我，那時候身邊其他沒有經濟能力的學生，要追星都要靠父母支援。

成慧 不然很難吧。

洗娟 媽那時候幫我做這做那的，妳是怎麼想的？畢竟很多家長不會這樣支持小孩。

成慧 我如果不打算幫妳的話，打從一開始就不會支持，既然都要幫了，那就支持到底吧。但我也不可能一開始就無條件地覺得「哇，好棒喔，妳就去做吧」，也要有一個契機讓我開始正面看待。

不只是車票，之後妳去看演唱會的費用也是，都是先用我的錢墊，妳再打工還給我。我現在想起來了，那時候會在小冊子記下妳在幾月幾日借了多少錢、什麼時候還了多少這樣。借走一百萬韓元後，就一萬、一萬地慢慢還，錢不是重點，重要的是妳約好會還，所以我也特意留下那本冊子沒丟。妳那時候還把不穿的衣服跟鞋子拿去賣，我都快笑死。

總之，妳沉迷於某件事的樣子讓我覺得很棒。如果我叫妳不要去，妳也可以撒謊偷偷溜去，但妳還是做好該做的事，認真唸書、擔任廣播社社長、考全校前幾名、在班上也幾乎都是第一名，所以我也慢慢不太阻止妳了。妳那時候真的有很多夢想，不知道妳還記不記得？一開始是想當電視臺作家、編劇，又說想當製作人，反正就是對廣播電視圈很有興趣，但只要過差不多半年就會冷掉。不過對Ｊ卻是過了一年、兩年還是很喜歡，所以我覺得，如果真有喜歡的事物那就應該支持呀。而且妳也不是無條件要我幫忙，而是會做好計畫，說媽媽幫我什麼什麼的話，我以後就怎樣回報妳這樣。

洗娟 還有想聊的嗎？

成慧 妳不問韓服嗎？

洗娟 韓服？妳想聊韓服嗎？

成慧 嗯，妳那時候不是突然說在美容院有什麼活動嗎？

洗娟 對，RA BEAUTY CORE。

成慧 這也可以說嗎？反正就是那時候天氣超冷，妳只穿韓服、舉著應援牌站在那裡好幾個小時，實在無法想……啊，其實可以想像。我記得妳穿上韓服，說很好看之後就匆匆忙忙跑出去了。我就想，唉唷，這孩子都不怕冷啊。總之就是想到妳做過這樣的事。還有在首爾不是有什麼演唱會，妳還跑去ＭＢＣ的可視廣播外面站著。那時候你們比較熟了嗎？是妳上電視之後？現在可以聊聊上電視那段了，那個我也有很多想說的……

洗娟 那先聽聽上電視的部分吧。

成慧 去上《向星葵》時我已經滿支持你了，那時候妳已經追星追了兩、三年，大概國三吧。因為妳總是穿著韓服到處跑，所以被叫作「韓服少女」，也是因此受邀上節目的。雖然不太確定，但妳在粉絲論壇裡就算不是年紀最小、應該也算比較年幼的。剛開始說要去上節目時，我非常擔心，但看了節目播出，我才知道原來妳已經那麼成熟了。意外的是，雖然只是個試水溫的特輯節目，連預告都沒有，還是有很多人看到後打給我，也更讓我覺得孩子可以找到自己想做的事，是很棒的一件事。妳那時候還說想做跟Ｊ有關的職業，所以現在也走在電影這條路上了啊。在Ｊ發生那種事前，我們不是還開玩笑聊過，以前是妳追著Ｊ跑，但以後可能變成Ｊ追著妳說「吳導演，我想演您的電影」。

洗娟 那時候媽說過，妳其實很感謝Ｊ，為什麼會感謝他？

成慧 妳大概國二還國三的時候吧，我的工作需要輪班，妳姐姐又去住校了，常常只有妳一個人在家。我早上下班回家就會看到妳脖子上纏著耳機在睡覺，問妳為什麼，妳說是聽音樂聽到睡著，我又問妳聽什麼音樂，妳說本來在聽Ｊ的歌，聽一聽覺得太害怕所以才戴耳機，戴上耳機就只聽得到音樂聲，就不怕了。

媽媽那時候一個月大概有七、八天回不了家，但因為有J和J的音樂，即使只有妳一個人也好好度過了將近一年的時間，完全沒說過自己害怕。感覺是因為喜歡他、有他的音樂陪伴，妳才能撐過這段時間。

雖然好像有點悲傷，但現在想想又覺得有些好笑，無論發生什麼事，妳好像經常是以喜劇的方式收場，怎麼能把耳機纏在脖子上睡覺呢，要是勒死了怎麼辦。

所以就覺得很感謝J囉。喔還有，他還要妳更認真讀書，考上好學校後再跟他相見，還說學生不該在這種時期太常去見他。這些話他還說了好幾次呢。

洗娟 所以就是說，我可能是因為他才沒有那麼孤單，自己一個人也可以過得很好的意思？

成慧 妳也有可能跟媽媽撒謊、走上歪路，但妳總是會跟我報告自己要去哪、過得很充實的樣子，我看了也很欣慰。書也很認真唸，好像根本沒時間做什麼壞事吧。後來妳也主動說，覺得不該再花那麼多時間在粉絲論壇上，感覺是能做的都做過了，現在也沒什麼可嘗試的了，才會這麼說，我覺得這也是妳自然成長的過程。

洗娟 對啊，但他自己明明講得好像還要唱一千年、一萬年的歌，現在卻進了監獄。

成慧 是啊，是有點心酸。

洗娟 心酸？

成慧 嗯，我覺得很心酸。

洗娟 為什麼要心酸？

成慧 我不是那個意思啦，他做的事當然是錯的。但他沒有像某人一樣自殺，也承認自己做的事是犯罪了啊，他承認了吧？反正我希望他受到應有的懲罰後，能當個平凡人，好好生活。

洗娟 他已經提出上訴囉，現在在等大法院判決耶。

成慧 提上訴？那就是不服高等法院判決的意思嗎？

洗娟 又覺得不爽了吧？

成慧 這樣的話當然就另當別論了。應該接受結果、好好受罰啊，一直上訴算什麼。我是不知道會判幾年啦，雖然當然會想減少一點，但我覺得應該好好接受它。

洗娟 真的就像媽媽的反應一樣，犯罪本身就很令人羞愧又生氣了，但他越來越不爭氣，在那邊求饒的窩囊模樣更讓人失望，妳懂吧？

成慧 是啊，明明就該說對不起，這有多難？

洗娟 但是想想，媽媽喜歡M、我喜歡J，真的太好笑了。

成慧 平行理論嗎？

洗娟 看人的眼光也會遺傳嗎？

成慧 才不會。

洗娟 但媽也說過，如果回顧一生，哪有人是完美的，喜歡一個人也不可能一一確認他是什麼樣的人才喜歡嘛。

成慧 是呀。

洗娟 M的狀況我不太清楚，但J還有很多在等他的粉絲，妳對這些人有什麼看法？

成慧 就算在心裡譴責他，但他的人生也還沒結束啊，如果有這些就算只能遠遠看著也關心他、或是對他又愛又恨的人存在，可能也代表J的人生還不算太失敗吧。

洗娟 所以妳能理解這些還是粉絲的人？

成慧 當然也有這種可能啊，我不是指那些否認他犯罪，覺得他絕對不可能做這種事的粉絲。

洗娟 妳不是指否認他犯罪的粉絲，而是在說那些希望他接受懲罰後、好好生活的粉絲？

成慧 對啊，那種粉絲才是真正的粉絲吧。雖然我不是他的粉絲，但如果我真的喜歡J這個人、而且是喜歡他很久的粉絲的話，我應該會這樣想。

洗娟 妳的意思是說，可以理解單純支持J這個人的粉絲，但不該支持他重回演藝圈？

成慧 不是，每個人都有自己的想法，但如果要堅稱那個人一點錯都沒有、他無罪，這種行為反而是在侮辱他。

洗娟 對啊，是侮辱沒錯。

成慧 如果是真正的粉絲，也應該面對他人性的那一面。不知道我的想法是不是過時了，但

洗娟 如果是粉絲，就該接受他原本的模樣，如同我們都是以自己原有的樣貌生活一樣。

成慧 謝謝妳的分享。還有什麼想說的嗎？

洗娟 撇開身為誰的粉絲不說，可以看到我家女兒這樣實踐自己的想法，讓這個世界看見，我就很滿足了。也可能是因為妳走上了我沒能嘗試的路。

成慧 不要現在就滿足啦。講到這個，妳覺得他如果看到電影會怎麼想？

洗娟 雖然會感到羞愧，但《成粉》的起心動念都是因為J啊，而且內容都是追星的人說的話，應該會覺得感謝吧。他的演藝生涯可以說是已經完了，還有可能繼續嗎？雖然不知道會不會以什麼方式捲土重來，但這也是他無法否定的一段人生歷程，無論是變成熱門話題還是被罵，都值得感謝。也可能是因為我太支持妳才會這樣想。

成慧 Not bad喔，我了解了。謝謝妳接受訪問，現在結束ＯＫ嗎？

洗娟 好啊。昨天值夜班實在太累了，我本來不是這樣的。各位，Good bye!

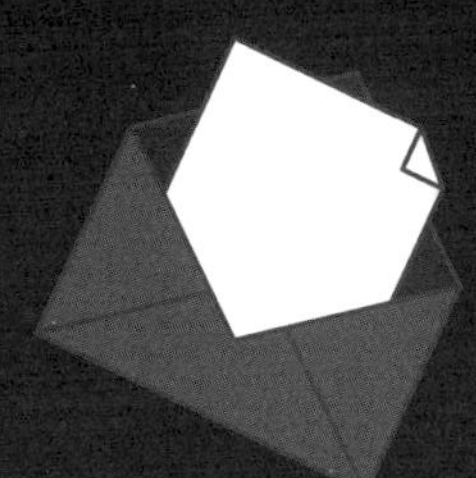

CHAPTER 3

關於成粉，我還想說……

《成粉》被形容爲「坦率的電影」，我既感謝又羞愧，
雖然收到許多了提問，卻很難立刻完整地回覆。
現在，我想在此坦誠地對大家、也對自己說。

沒能說出口的話

比起成粉（成功的粉絲）、更接近敗粉（失敗的粉絲）的我，將自己寫的文字稱為「成粉日記」而不是「敗粉日記」真的沒問題嗎？以日記為名寫下的文字，到底該坦誠到什麼程度呢？有意給別人看而寫下的文章能稱作日記嗎？

我很喜歡日記，也每天都會動筆記錄，在第一次拍的電影中也放入了讀日記的片段，甚至整部電影就像是以日記的形式拍攝。隨著對坦誠的渴求以及對日記的喜愛之情在不知不覺中茁壯，我的情緒、想法、情感與時光，日漸堆積成數十冊大小厚薄各異的日記。

但我要坦誠，寫日記時的我並非完全地誠實。小學時寫的日記要給老師檢查，所以只是隨便敷衍，之後雖然是我自己想寫，但不知何時開始對這件事感到不安，要是日記丟了怎麼辦？如果在日記裡提到的人看到我的日記怎麼辦？我總是不自覺地幻想因日記曝光而身敗名裂的畫面。於是在寫日記時，提到人名我會用第一個字母代替，比起心中的煩惱，更常寫的是一些無關緊要的想法或對未來的決心，漸漸地，我越來越少打開日記，翻看以前的日記時也覺得有點無聊。

*

聽到觀眾說《成粉》是一部坦率的電影，我既感謝又羞愧，連寫日記都無法坦誠以對的我，竟然那麼想讓別人覺得我是個不矯揉造作的人，這種矛盾心態還真好笑。

拍這部電影時，我已經很努力想看清自己、想展露出內心的所有，但仍有些地方不夠坦率。跟觀眾見面的場合似乎也是如此，即使收到珍貴的提問，說不定我也不自覺地為了搞笑，放棄了真誠對話的機會。因為各種理由沒能說出口的話一直在我腦中盤旋不去，可能是因為我對坦誠的異常執著而產生的惋惜。無論是對《成粉》還是對日記，我都希望自己能更誠實。

第26屆釜山國際影展紀錄片《成粉》海報

製作電影《成粉》的契機？

人們去電影院的目的當然是看電影，但有時候還有一些比電影更重要的原因，那就是GV。對電影迷而言這個詞應該不陌生，但一般人可能不太清楚。GV是「Guest Visit」的簡稱，意指與觀眾直接對話的映後見面會，導演或演員會在電影播畢後回答觀眾的提問，這是觀眾能直接向導演本人提出各種疑問的大好機會，我也曾是一名積極參與各種GV的影迷實習生（影迷這個稱號對我而言有點太崇高，不敢自詡，我大概算是很想成為影迷的實習生那種程度）。

我在十七歲突然迷上電影，晚自習會假裝自己在聽線上課程，其實都在看電影，這也讓我決定去當年的釜山影展看看。那是我生平第一次參與影展，也是第一次感受到映後見面會的氛圍，雖然沒鼓起勇氣提問，但在電梯裡遇到導演與演員時實在是不能忍，最後得到了照片與親筆簽名，還主動對電影的感想喋喋不休。就這樣，原本自認為是消極觀眾的我，完成了GV初體驗。

＊

十八歲開始，我在釜山影展擔任市民評審團時，已經是個不折不扣的GV流氓。一天四部電影排得滿滿的，其中就有兩到三部有機會在映後向導演提問，也可能是我排場次時就會下意識優先選擇有GV的場次。那時我準備考電影系，正是對電影充滿好奇的時期（甚至很沉浸在「充滿好奇心的我」這個角色設定中），絕不錯過主持人看向觀眾的每個瞬間，總是火速將手舉得筆直。說是這樣說，但我也不是真的有什麼好奇到瘋掉的疑問，或打算提出可能造成重大影響的深奧問題，就只是覺得拍電影超帥，摻雜了一些想跟拍電影的人說說話的慾望。在這種狀況下，我硬擠出來的提問大概像這樣：

「啊啊，麥克風……啊，您好，嗯……我是想成為電影導演的高中生，（中略）因為我是第一次看導演您的電影所以很期待，結果比我想像得更有趣！哈哈，電影真的很好看。其實我想問的問題沒什麼大不了的，電影裡貓咪出現了兩次，不知道有什麼含義嗎？是特別設計的嗎？我個人是覺得……（後略）」

滔滔不絕地提出這些知不知道都無所謂的問題，也夠讓導演心累了，對於電影中特別留給觀眾詮釋空間的部分，我偏要跟審問一樣刨根究底個沒完，我的提問大概都是這種程度，對開放式結局還非要從導演口中問出最後到底怎麼了，或是劇中留下餘韻後消失的角色究竟去了哪裡，這些不有趣也沒意義的問題。

＊

大家應該已經開始想說，只是問妳拍《成粉》的契機，幹麼囉哩囉嗦一大堆。開場白的確是有點長，事實上我以「ＧＶ流氓」身分活躍時，最常提出的問題之一就是「您為什麼決定拍這部電影呢」，因為這是所有人都會問的定番問題，我彷彿都能聽到自己自信滿滿的提問聲。現在這個問題就像迴力鏢一般回到我身上了，ＧＶ流氓橫行霸道的期間提出了多少劣跡斑斑的問題，我從沒想過這個問題會帶給導演那麼大的折磨。現在身分對調，從提問者轉為回答者的角度來看，這個簡單的問題意外地最難回答。

為什麼會拍這部電影？嗯……該從何時說起呢？要說得多仔細呢？但其實開始拍這部電影的契機，跟真的想完成這部電影的契機不一樣，那應該要說完成這部電影的契機嗎？應該不是吧，人家是問開始，那應該要講記憶中最早的時間點吧。不過第一次提起要拍電影，跟下定決心要拍的時間點又不一樣，要以哪個為準呢？

＊

可能要從第一次有了想拍部電影看看的想法開始說起，在讓我奉獻了十幾歲少女的青春、深愛的歐巴成為性犯罪者後，起初的幾天真的是怒火沸騰，之後幾天就無念無想了，不再整天只想著那個人而心神耗弱。不過我內心深處很確定，我這輩子都忘不了這件事。

不再哭哭啼啼後，我心中再度湧上熊熊怒火與背叛感，經歷過這種難以形容的感情，身為那個人的粉絲這件事可以說昇華為一種幽默了，也可說是以我的痛苦為其他人帶來了幸福。朋友雖然覺得我可憐，但也會小心翼翼的說出「真是不懂妳的品味」這類隱晦的玩笑話，這種時候我就會跟著他們一起笑。

不過，某次跟認識的人一起吃飯時，我聽到一句自己完全沒想過的話：「要不要把這件事拍成電影看看？」拍電影的人的確會有種把所有事都跟電影連在一起的習慣，將生活中的一點小事視為電影題材，或是用「把這個拍成電影吧」的方式開玩笑。雖然我也想過將實際經驗拍成電影，但從沒想過也適用於這次事件，所以只把這當成玩笑話。

可是竟然不只一個人提出，將這件事拍成電影應該很有趣，這種話聽多了，我也開始思考電影片名可以叫什麼。後來陸續有朋友告訴我如果要拍電影，自己也想出鏡，我開始把只草草看過一次的報導重新找出來細讀，截圖存檔，甚至另外建了一個資料夾，蒐集在網路上粉絲們的反應。但直到此時我仍沒有確定要拍，只是從在進行一些事的行為上獲得樂趣，偶爾浮現「這真能拍成電影嗎」的念頭，都被我又硬是按了下去。

直到有一天，以前在簽名會排隊時變熟、與我分享所有追星的喜怒哀樂的朋友珢彬跟我通電話，那時候還不算是事前取材，只是傾聽朋友無處宣洩的心事而已。我們久違地講了很久的電話。珢彬說，喜歡那個人時做的許多事（每天搜尋他的名字、聽他的歌、看他的影片）都已經成為理所當然的日常，出事後好一陣子都是以搜尋相關新聞來細讀的方式填補，但隨著社會及媒體對事件的關心減少，幾乎找不到新消息了，生活好像缺了一大塊。聽到這番話，我內心曾經那麼悲傷的部分似乎又重新浮上水面，雖然我打算笑著擺脫這一切，但這果然不是那麼容易就能過去的。

回憶被剝奪，失去對自我的認同，再也無法用以前那種方式得到幸福，這真的非常悲傷。雖然有點不自量力，但我想為珢彬這樣的人們帶來安慰，這樣說來，我應該也具有能安慰他們的能力，因為他們需要跟最了解彼此想法的人對話的機會。

*

這時我才知道原來還有粉絲無法承認歐巴成為罪犯的事實，或是不管承不承認，都無法放下對他的感情，這種被迫無法追星的粉絲心境，不用說明我也大概能體會，但對於發生了這種事仍表示會繼續當他粉絲的人，我實在無法理解。到底為什麼要這樣？想阻止他們的心情都滿到要吐了，我真是有夠雞婆。

可笑的是，我到事件過去一陣子後，才驚覺自己也有過這種時期，從那時起，「為什麼」的疑問對象就從別人變成我自己。我為什麼會那樣？怎麼會喜歡一個人到那種程度？那個似乎目盲耳聾的我，對現在的我而言就像陌生人，對那個不像自己的我，還有仍留在原地的粉絲，我的好奇心與日俱增。

雖然不知道是否真能拍成電影，也還沒確定我想拍的是什麼電影，但心中已經浮現超多想馬上見面的對象、想聽的故事。除了知道自己想拍關於粉絲的故事，我在沒有任何確切計畫之下就拿起了攝影機，開始四處奔忙。因為如果連攝影機都沒有，我可能很快就會失去興致而放棄。連有沒有對上焦之類的技術我都不太懂，但總之就先按下錄影鍵，把眼前的一切記錄下來；訪談方法什麼的我當然也不懂，想說就盡情宣洩、破口大罵、放聲大笑就好。雖然覺得這一切可能沒什麼意義，但按照日期分門別類的資料夾與拍攝的影片逐漸累積了下來，讓我有種正在進行著什麼的感覺，這樣的我，已經是個正在製作名為《成粉》的電影的人了。

＊

沒想到我會花那麼長的篇幅、那麼仔細說明拍電影的契機，興致勃勃寫下的這些說不定也只是在裝模作樣而已，老實說，我無法想到一個像是被雷打到一樣的驚人契機。如果有人問我為什麼拍這部電影，我有時候會說，憤怒是使我拿起攝影機的動力，有時候會說是好奇才拍的，但我說的都是真的。不過最重要的契機還是因為，這是我想說的故事。

想向某個人訴說我們經歷過的歡笑、悲傷與憤怒，所以才如此心癢難耐。我也隱隱有種自信，認為我是能以最有趣、最好的方式講述這個故事的人，沒什麼特別的理由，只因為這是我想說的故事。總之，開始拍攝《成粉》的契機就是這樣。

是怎麼找到這些受訪者的？

首先向還沒看過《成粉》的觀眾說明，這是一部有一半篇幅由訪談組成的電影，其中只有一位是我帶著特定目的找上門的受訪者，其他十位都是擁有「追星失敗」經驗的人。追星要怎麼失敗？要不就是歐巴犯罪，要不就是出了差不多嚴重的問題，這無關粉絲的個人意願，所以才稱為失敗。

追星失敗帶來的副作用大約可分為兩類，一是很可能留下黑歷史、一輩子被人嘲笑；二是隨著時間流逝，原本美好的回憶也會蒙塵，當然，這些副作用都是在悲傷又折磨人的情感雲霄飛車上折騰好一陣子後才會顯現。

在《成粉》中登場的十位受訪者都是曾對偶像愛得死去活來的韓國女性，也可說是因追星失敗、體驗過錐心之痛的人。她們的另一個共通點，正是我本人。電影中登場的受訪者大部分是我熟識的朋友，包括從小學到大學讀過的四所學校裡認識的朋友，從事電影工作認識的人，也有因共同興趣結識的追星夥伴，甚至還有我認識最久的朋友——我的媽媽。總之，都是在知道彼此有什麼樣的過去之前，就已經認識的人。

＊

我一開始並沒打算對朋友下手，只希望出現在電影裡的人不要哭哭啼啼，然後能坦誠說出想說的話。因為電影叫《成粉》，我也想過要不要訪談有名的站姐或經營粉絲論壇的管理員，但最終還是沒能為了製作電影這種極為個人的目的，沒頭沒腦地去要求他們幫忙。經過一番苦思後我得出的結論是，能笑著談這種嚴肅話題，又最能坦誠以對的人就是我的朋友。

但要具體決定找哪些朋友受訪、詢問意願，又花了相當長的一段時間。就算再親密的朋友，也不可能連對方喜歡過的藝人都瞭如指掌。我曾很狂熱的追過星，身邊的人本來就都知道我喜歡鄭先生（其實也是因為我老是到處炫耀自己曾引以為傲的過去），但我對朋友的過去可說是一無所知。神奇的是，只要我向朋友提到我正在找「因偶像犯罪而脫飯的粉絲」時，原本平常的對話就會瞬間變成訪談面試（？）。

＊

我完全沒料到因國中同學介紹而成為好友的材沅也曾是某個人的粉絲，只是想到我們是因電影結緣，才問她對這個題材的想法，卻得到意料之外的反應。材沅曾喜歡的歌手被舉報性騷擾，但最後無罪釋放。當時因接連爆出N號房事件及群聊事件，性犯罪議題正值敏感時期，材沅想到那些爆出性犯罪的公眾人物就怒不可遏，對於我想就電影形式、種類、主題意識等徵詢意見的話一句也聽不進去，完全陷入因為喜歡的偶像厚臉皮的態度而脫飯的回憶之中。材沅還說了一句名言：「無論結果如何，在我心中就是有罪。」我當時非常希望她能在鏡頭前再講一次這句話，也是從這時開始，不在我預想內的朋友接二連三地登上演出名單。

周周是我大學朋友中最搞笑的一位，能跟這種人當朋友真的很幸運，在隆冬之中為了去周周家，辛苦地來回奔波也甘之如飴；就算她突然衝進我的宿舍唱歌、洗澡，也會讓我忍不住揚起嘴角。就算周周不小心把我的眉毛剃掉，我們關係還是會很好。多虧如此，更大的幸運找上門了。一聽到我寧願休學都要拍的電影主題，周周馬上就說：「那也訪問我吧。」

周周說，她在各種犯罪事件爆出來前，早就是某個團體的粉絲了，這我還是第一次聽說。曾夢想參加《SHOW ME THE MONEY》的周周說，自己因為這部電影意外得到一個可能出道（？）的機會了呢，真開心。聽到周周竟然也有一段追星黑歷史，我也好開心。雖然我不太確定出現在這種電影有沒有機會出道啦。

承炫姐是唯一一個在事件爆發前就跟我分享追星故事的朋友。曾住在石串洞的承炫姐和在學校附近租屋的我，是因為每晚的祕密聚會變熟的。我們都對荒涼的石串洞景色感到厭煩，於是約好晚上一起到鄰近的學校散步。平常我們就很愛隨便亂聊，各種毫無關聯的事物都可能成為話題，自然也聊到喜歡過的藝人。

當時我亟欲炫耀過去追星成功的豐功偉業，在繞著廣場漫步兩圈的時間內，不斷侃侃而談國中上過電視，還有參加各種演唱會、簽名會的經驗。承炫姐則向我吐露了自己喜歡過因酒駕及肇事逃逸而中斷活動的二世代偶像。面對承炫姐掏心掏肺的告白，我雖然感到遺憾，還是開玩笑地挖苦她：「何苦喜歡那種人呢。」

當時實在是不該說那種話啊，因為在那次談話的一個月後，「群聊事件」就登上了新聞版面，承炫姐接到哭成淚人兒的我打來的電話時，要我多喝點水、大口呼吸，這是只有經歷過的人才能做到的安慰。幾個月後，承炫姐爽快地答應了訪談邀約。

珢彬與玟敬則完全不需要這些試探的時間，因為我們是一起在各個演唱會及簽名會現場排隊時多次碰面、進而熟識的夥伴。事發後，她們也陪我一起平復激盪的心情、整理思緒，是值得感謝的朋友。準備這部電影時我向她們徵詢了許多意見，交流的對話也自然而然成為訪談提案。珢彬煩惱了好一陣子才答應，說她有很多話想講；當初說自己沒什麼話想講的玟敬後來也相當積極參與，甚至進行了兩次拍攝。

*

發現自己以不同方式認識的朋友，竟然都是擁有類似經驗的同志，真是很特別的感覺。聽大家講述自己的黑歷史時，我總是忍不住笑出來，不是嘲笑或挖苦，大部分是因為覺得太荒唐而失笑。妳也是？我也是耶！互相笑著說是物以類聚嗎、人以群分果然是有科學根據的啊，我們怎麼會都遇到這種爛事。但笑完後才發現這個狀況根本完全笑不出來才對吧，這些驚人的偶然與荒謬感，也讓我決定將當初要我與好友一起嘗試將這件事拍成電影的建議，當作某種啟示。

拍攝熟識的朋友其實一點也不輕鬆，因為在朋友面前更難隱藏我原本的面貌。如果是採訪第一次見面的人，我應該可以盡可能地裝聰明、擺出熟練又游刃有餘的樣子，但在朋友面前就做不到。雖然嘴巴上說無所謂，眼神卻彷彿地震般動搖，生疏地抓著攝影機的手、因為一直失誤而撐大的鼻孔，應該都無法讓人產生信任感吧。

幸好朋友都很了解我是什麼樣的人，就算想假裝專業，還是會被她們看穿我汗如雨下、孤軍奮鬥的本質。所以我決定放棄成為一個帥氣的導演，努力扮演一個能讓演出者放鬆暢談的傾聽者。反正要是我太努力耍帥，可能還會讓她們驚訝於我居然只有這種程度。

無論如何，我希望降低攝影機的存在感、減少壓力，拍下受訪者像平時一樣自在的目標還是達成了。原本總是忍不住偷瞄鏡頭的朋友，不知不覺間開始投入對話，甚至爆出髒話，然後才後知後覺、小心翼翼地問：「講這種話也可以嗎？」有時候還會拍手大笑到爆音，或是一直同時講話導致音頻重疊。但這些都是以後才要煩惱的事，能將一直以來深藏在心裡的話爽快傾洩出來，以及與百分百能感同身受的人對話的喜悅，反而更加深刻。雖然也會怒火攻心，或是覺得太丟臉而扯自己頭髮，但因為有人和我一起，所以沒關係。與能相互吐露心聲的人隔著攝影機交流，比想像中有趣很多，至少對我來說是如此。

＊

聽到《成粉》被評為坦率的電影，覺得感謝的同時，我認為出現在這部電影的朋友功勞更大。這段時間以來因為感到羞愧，總是用盡全力想隱藏什麼的我，在重讀訪談時，不禁佩服我的朋友的勇氣，也重新反省自身，努力擺脫那種羞恥感。

我是因為這是我的電影才這樣說出來，這些朋友是如何做到能坦承地說出一切？是本來就希望有一天能痛快地說出這些話，還是為了幫我，才忍著不適或承受可能的風險，說出了這些故事？也許她們是因為同樣有過一段無聲哭泣的過往，除了眼前的朋友，也希望能為未來看到這部電影的人加油。不可能有人只是為了吐露這些事才站在攝影機前吧。當然這都只是我的臆測，總有一天一定要問問她們。

我在拍電影的過程中混亂不定的樣子，照理說實在很難讓演出者信賴，但朋友都比我更相信我自己。出乎意料地，我好像反而因為這部電影更拉近了與朋友的關係，不只是因為找到新的共同點，也是因為一起走過這段製作電影的漫長旅程。這段旅程甚至在電影完成後都還沒結束，就算《成粉》的毛片與定剪影片的六個備份都消失，也不會結束。對於這些接受我利用友情提出的請託、挺身協助的朋友，我一輩子都會懷抱感恩的心，一輩子都會牢記這些朋友曾為了我，願意在電影中露面、受訪，我想對你們說，能把你們的聲音記錄在電影中，是我莫大的幸運。

初次聽到那起事件時的心情？

總是有那種突然想做平常不會做的事的日子。進入大學後的第二個三月的某一天，本來要回宿舍的我突然決定去閱覽室，坐下來把書打開。就算已經聽了一整天的課，馬上可以倒頭就睡，我還是決定去預習一下下週的課，這對我而言是前所未見的事。

為了躲避室外涼颼颼的冷風，可以去的地方很多，怎麼偏偏選了圖書館呢（在此說明一下，我幾乎沒有在學校圖書館閱覽室找個位置坐下來做過什麼事）。久違的乾燥又平靜的空氣撲面而來，很有效地讓我集中在眼前的印刷字體上。我就這樣認真的一頁頁讀著書，過了兩個多小時都沒有抬頭看一眼時間。當時我看的是Michael Rabiger的《製作紀錄片》。

這種日子，一定會罕見地接到某個人的電話，也讓我從專心的狀態抽離出來。電話那頭是不太熟的高中數學老師，我在走廊短暫講完電話後回到座位上，滑了滑手機，才發現多到數不清的訊息通知。但這也不奇怪，說來好笑，二十一歲的我是個非常融入團體的大紅人，一天大概會跟超過二十人閒聊。我向下滑著、打算大概看看有些什麼訊息，一排數十則只有寥寥數字的訊息吸引了我的注意，都是一位學姐發來的。

—呀

—呀啊

—洗娟啊

—洗居ㄢ吶⋯

因為我沒回覆，光是叫我名字的訊息大約就有數十則，接著是一連串不帶標點符號的訊息，打字時看起來相當匆忙。

—怎麼辦啊真是

—這都不是妳的問題知道嗎

—雖然妳應該覺得很噁心又生氣

—但也不要太難過了ＱＱ

—加油⋯⋯

這些幾十分鐘前湧入的訊息寫的明明是韓文，我怎麼一點都看不懂呢？我在圖書館的這段時間到底發生了什麼事？對於我滿頭霧水的提問，學姐只給了我一個簡潔的回覆：

—去 Naver 看看

意外的答覆讓我毫無頭緒，於是我先把剛剛在看的書推到一邊，進了入口網站首頁。不知道是不是因為今天是個跟平常不同的日子，我看向了平常都會被我忽視的熱搜排行。塞滿畫面的新聞標題中有三個字一閃而過，咦，我剛看到了什麼？點下去仔細一看，熱搜排行第一名掛著那個人的名字。雖然偶爾也會因為他固定參演的綜藝節目收視不錯而在熱搜看到他的名字，但今天又不是星期天，他也從未因為什麼話題登上第一名。是好事嗎？欣慰的念頭一閃而過，緊接著湧上滿滿不安。他的名字在星期一晚上衝上熱搜第一的機率有多少，不是好事的機率又是多少？雖然很抱歉，但壞事的可能性還挺高的。

從排在前面的幾個關鍵字組合來看，大概能猜出發生什麼事了，雖然還沒有完整的報導，但似乎有媒體做了獨家。我一邊等待報導刊出，也開始聯繫那些與我共享追星喜怒哀樂的夥伴們。

—妳看到新聞了嗎？

—怎麼會發生這種事？

匆匆打字的我才終於了解為什麼學姐傳來的訊息那麼像謎語。就算看到、聽到、讀到那些事，也無法輕易從自己口中說出來。這不是什麼隨隨便便的八卦，而是需要很多時間消化的事，很難直接說出：「欸妳的歐巴犯罪了。」同樣地，我也很難直接開口跟夥伴們說，「我們的歐巴完蛋了」。那件我不忍說出口的事件，在曝光一陣子後，終於有了正式名稱——「鄭俊英群聊事件」。

＊

收拾東西從圖書館出來時天已經黑了，我坐在吸菸區抽菸，深深嘆了口氣。怎麼偏偏這天跟我在一起的朋友，對我追星的過去幾乎一無所知呢。為了表達我有多生氣難過、多覺得荒謬又心寒，我開始一一解釋七年來的回憶，從我喜歡上他的瞬間到最近發生的事，說著說著心情也越來越微妙。我真的很喜歡他，卻以這種方式畫下句點。我原本引以為傲的「成粉」回憶，現在全變成黑歷史。不過才幾個小時，我的世界就完全變了，理性上雖然理解現在的狀況，內心卻不是，而是隱隱期待他的經紀公司能出面說些什麼，或是他能假裝沒事般在社群網站上發文。雖然表面上像是已經放棄一切地哎聲嘆氣，卻還不願放棄一絲絲希望，傻傻地留戀。

朋友回家後，我坐在宿舍門口又叼著菸開始思考，現在到底是怎樣。思緒實在太亂了，雖然很想趕快上樓大睡一覺，但幸好遇到了一、兩位下來抽菸的舍友，就算不太能專心聊天，但只要有人笑就跟著笑，有人掏出打火機就跟著再點一根。妳們說我該怎麼辦啊，每說一次就嘆一口氣，頭痛也越來越嚴重，但又怕回到空無一人的房裡，會陷入感情的漩渦中不可自拔。

這種莫名做出不同於平常選擇的日子，發生稀罕事的日子，這一天還沒結束呢。聊著雞毛蒜皮小事的朋友們講起了鬼故事，說宿舍裡有鬼。原本就很膽小、連恐怖片都不看的我這才加入對話，求他們別再說了。但除了我，所有人都對這不知何時改變的話題感到興奮，要求他們別說了的反應反而讓朋友更想鬧我，簡直像是要把全世界的怪談都講過一遍，所以我又做了一件平常不會做的事——大聲地發火後上樓回房。如果是平常，我應該會一起開玩笑，在吸菸區待到有人先說要回房為止。但那天實在心情暴躁，就是不想那樣做。

氣喘吁吁地回到房間後，我把背包扔在一邊，爬上雙層床，將臉埋進枕頭裡才終於哭了出來，是那種號啕大哭、哭得稀哩嘩啦的，頭還痛到不行。哭完後，我喝了水鎮定下來，一邊找頭痛藥吃時一邊想，我為什麼要哭？我真的很久沒哭那麼慘了，應該不是因為宿舍鬼故事，而是一整天發生的事累積下來，打開了淚水的開關。在這些日常的瑣碎絆腳石中占比最大的，還是我的偶像可能是重大罪犯這件事，這可能是從圖書館就忍到現在的眼淚。

幾個小時後，我滑著社群網站跟網路新聞想，原來是真的啊。要是以前，我一定會堅持到歐巴出來講話，不管是要等兩天還是一週。但現在不是了。我在長久以來的追星生活中習得的能力之一，就是快速掌握狀況。已經過了那麼久都沒有發布聲明或辯解，就代表無話可說。面對這種不盡快處理就可能對名譽造成嚴重損害的犯罪嫌疑卻一聲不吭，那就是放棄了的意思。

*

我作為一個相當不齒厭女犯罪，而且對公眾人物的負面事件反應很敏感的人，從來沒想過自己喜歡的藝人會成為性犯罪者。也是啦，有想過才奇怪吧。不知為何總是有種既視感，只要把名字跟罪名換一換，就是反覆的老調重彈。這種原本還活躍於娛樂版的名字突然變成社會版常客的情形，要說有什麼不同，就是原本會不停咋舌怒罵的我，現在完全不知道該說些什麼。非法偷拍、散布性愛影片，「準強姦」這三個字看太多次都有點認不出來了。從理性上承認到感性上接受，實在要花很長一段時間。

是啊，我早就知道會這樣；不對，我完全沒想到會這樣。心中的聲音一直這樣反反覆覆。在我不吃不喝地等他出來發言的記者會那天，他還吊兒郎當的跟朋友說「我去裝裝樣子道個歉再回來」，得知這件事讓我受到的打擊大到像是世界崩潰了。這跟我所知道的他完全不是同一個人，除了讓我感受到莫大的背叛，也讓我對曾支持過他的事實感到自責。因為曾經喜歡過，所以更生氣、更羞愧、更迷茫，加上聽到播放清單中無意間播放了他的歌曲，又更悲傷了。

我是怎麼度過這段時間，又經歷多少複雜的情感交織，實在無法用言語形容，所以用文字說明得知事件後的心境，並不是件易事。就算認清歐巴成為了罪犯，我的心情仍舊很混亂，無法以小時候讀的童話那種明快的語句總結。

「就這樣永遠過著幸福快樂的生活」，現在已經不可能了，用「就這樣成為罪犯了」作結又有哪裡不太對。偶像犯罪，的確把我漫長的追星生涯畫上句點，但我們的人生還沒結束，犯罪的偶像就讓他過去，我們未來的生活更重要。如果無法掙脫這片混亂，就努力與混亂共存。我跟朋友聊了很多，互相拍著對方的肩說「不要把這當作自己的錯」，彼此安慰。然後我想到，怎麼偏偏就在不尋常的那天、歐巴成為罪犯的那天，看了有關紀錄片的書呢，真是太神奇了。

家人不反對你追星嗎？

學生追個星為什麼那麼難？又不是說不唸書了，也不是要做什麼壞事，卻要像做壞事一樣畏畏縮縮地看人臉色。大概是因為要花錢吧，有多喜歡那個偶像就會花多少錢，但學生還沒能力靠自己賺到那些錢，一定要得到可以提供經濟支援的監護人許可。對不住在首爾的人來說，經濟負擔更是倍增，就算是凌晨去排隊就能免費入場的表演，或是在開放式攝影棚的公開錄影，都是遙不可及。光是去首爾的火車或客運錢就不是什麼小數目了，對住在釜山的我而言，沒有什麼是真正的免費，所以說服媽媽是最重要的關卡。

*

一連好幾季都蔚為話題的選秀節目結束後，幾位主要成員都參與了全國巡迴演唱會，我的前本命自然也在其中。釜山場已是巡迴尾聲，選在十二月三十一日晚上舉行，也太浪漫！

在認識你的這格外有意義的一年的最後一天，竟然可以跟你一起度過！我懷著激動不已的心情搜尋了售票訊息，那時已經開賣一段時間了，從這裡就能看出追星菜鳥的情報能力有多貧乏。不過我還是抱著「一定有我的位置！」的想法仔細看了看剩餘座位，除了那些又高又遠、只能看到牙籤大的表演者的座位，其他座位全是一片灰，也就是都賣掉了的意思。

這些經過激烈競爭與簡訊投票，最終在選秀節目中取得排名的參賽者，在正式出道前就已經有了堅實的粉絲基礎，甚至因為節目太受歡迎，就算不是特定參賽者的粉絲，也有超多人想去看演唱會。忽略這個事實的我現在才後知後覺，但絲毫沒有澆熄我一定要在這裡看人生第一場演唱會的決心，就算只能看到牙籤，我也想進場！

當時我用全校第一作為條件求媽媽讓我去看演唱會，雖然我說是請求，在媽媽的角度來看應該擺明就是個要求吧。學生以成績當作要挾來得到自己想要的東西，我也覺得是很老套的把戲，但實在也沒別的方法了。結果當然是失敗。畢竟我媽從來沒要求我要用功唸書，自然也沒提過用成績變好來交換什麼東西這種事。不用盯就會做好該做的事的個性，在這種時候真是一點用處都沒有。不過比起盲目地開支票，用我能做到的事來交換不是比較好嗎？於是我繼續嘗試說服媽媽。

第一次聽到我要求去看演唱會，媽媽似乎也很不知所措。想想家裡的狀況，演唱會票價的確是會造成挺大負擔的金額，加上媽媽說，不能讓一個國中生自己去看晚上十一點才開始的演唱會。雖然現在可以了解媽媽當時的心情，但當時的我相當失控，不斷用各種理由纏著媽媽不放，說自己無論如何都想去看、學生可以打折、會跟朋友一起去就讓我去吧，這應該是我人生中做過最不懂事的事了。

最後媽媽還是接受了對她而言沒有半點好處的「讓我去演唱會就考全校第一名」的協商條件，幫我買了演唱會門票。不過不知道是因為心中大石放下，還是太沉迷追星，我在那次期末考中排名掉了超過十名。但那又怎樣，反正票已經在我手上了。

坐在演唱會場三樓最頂的位置，親眼看過比牙籤還小、差不多鼻屎大的歐巴後，我對他的愛意更深了。每天花超過四小時坐在電腦前逛粉絲論壇成為我的日常，如果得到什麼新情報就會跟大家分享，拍得好看的照片也會跟家人炫耀，這些對當時的我而言都是再自然不過的事。不只是他參演的電視節目，連由他擔任幾個月ＤＪ的廣播節目都是跟家人一起聽的。不知道是不是因為常聽到、看到而產生了親近感，媽媽跟姐姐開始會主動問我他過得如何，跟媽媽出門約會時也會一起去買專輯，如果聽說他要在其他地方表演，也會幫我買票。這些與家人共度的時光也自然地融入了我的追星生活。

＊

一開始當然不是這樣，在我又提出要去首爾看粉絲見面會後，我與媽媽展開第一次冷戰，體感上大約有一週（實際上大概二十四小時）。讓我去看釜山演唱會就該感恩戴德了，竟還得寸進尺說要去首爾，用媽媽的話來說就是「膽大包天」。雖然想高聲捍衛我的自由，但我又沒錢，只能看媽媽的臉色，小心翼翼地羅列了十幾個想去的理由。

我也知道媽媽反對我去首爾不只是因為錢，誰會放心我小小年紀就在沒有監護人的陪伴下前往遙遠的首爾。但我還是不能錯過那個人第一次的粉絲見面會，成為傳說的那瞬間如果不能在場，我一定會心痛而死。我又重新思考計畫該如何說服媽媽，我找到可以陪我從釜山一起去首爾的阿姨飯，交通費跟票錢先跟媽媽借，以後會慢慢還，我還保證絕不單獨行動，粉絲見面會一結束就立刻回釜山。雖然不太記得確切的對話內容，但只花了短短幾天，我就爭取到前往首爾的機會了。媽媽這次也輸給我了。接下來的日子，我忙著尋找可以幫我買票的人，還要挑選去粉絲見面會要穿的衣服，忙得團團轉，非常興奮。

沒多久，我就成為在閃電市場及中古天國辛勤耕耘的賣家，這又是什麼超展開？就像前面提到的，我說服媽媽的條件包括「交通費跟票錢先跟媽媽借，以後慢慢還」。當時的我要去打工還太小，電視劇中經常看到那種貼人偶眼睛或摺披薩盒的工作，實際上也很難找到，就連幫忙擦皮鞋換取五百韓元零用錢的機會都沒有的我，最後選擇的方式就是拍賣二手貨。我拿出來賣的商品主要是曾經很喜歡、但跟不上我生長速度的衣服；沒穿幾次、但丟掉又很可惜的鞋子們，以及我已經讀過的童話全集等，都被我精心拍了照片、連同說明一起上傳到二手交易ＡＰＰ跟論壇上。雖然都是些對我來說沒什麼用處的物品，但創造出的收益還算過得去，我把一點點積攢起來的錢用來償還欠媽媽的債，還有首爾之旅的旅費。其實那些衣服、鞋子跟書都是媽媽買給我的，販售所得應該全歸媽媽，還好媽媽看在我努力賣東西的份上沒跟我計較。

＊

不知道是因為覺得我努力爭取想要的東西很可愛，還是看到我平安歸來而放下心來，媽媽的反對逐漸消聲匿跡，我不再需要乞求媽媽的同意，只要事先報告什麼時候要去哪裡就好，但在這之前真的歷經許多遊說與心理戰。

為了《成粉》訪問媽媽時我才終於發現，是因為有一位心胸如此寬大的媽媽，我才能盡情參加各種簽名會、演唱會與錄影。後來媽媽才跟我說，她很慶幸我沒有做壞事，只有認真唸書跟追星這兩件事，覺得我很棒都沒有說謊，會老實交待要去哪裡。我真的很感謝媽媽沒有不分青紅皂白就先反對，而是願意了解我想做的是什麼、盡自己的力量幫助我。我也有一件事要跟這樣的媽媽坦白。

媽媽，住日本的親戚送的保溫瓶不是突然不見了嗎？其實犯人是我，我把它賣掉了。雖然有點遲，但還是希望您能原諒為了籌措追星資金、差點把整個家都賣了的女兒。愛您唷。

電影裡的火車場景令人印象深刻

我真的很常搭火車，無論是追星還是拍電影時。

我第一次去首爾是國中校外教學時，這個都市相較於短短一兩天的觀光時間，實在太大了，所以我們是坐遊覽車移動，一路鬧哄哄地先去龍仁的遊樂園玩了一天，剩下一天則是去清溪川、昌德宮、青瓦臺等景點，然後就回釜山了。因為都是事先排好的行程，必須團體行動，但我那時就想，不知道什麼時候還會來首爾，到時一定要隨心所欲地去想去的地方看看。結果還不到一年我就又有機會上首爾了。不過，比起在首爾度過的時間，前往首爾的旅途更令我印象深刻。

我第一次搭火車就是為了去見那個人——更確切地說應該是第一次搭ＫＴＸ。記得小學去密陽時好像搭過無窮花號，那時ＫＴＸ車票比現在貴很多，密陽也沒有遠到非得搭高鐵不可，無窮花號就很夠了。但這次要去的是首爾，如果搭無窮花號至少得花五個小時，實在太久了，於是我心一橫便買了價格是無窮花號的兩倍、但速度也快兩倍的ＫＴＸ。雖然ＫＴＸ座位間隔也不大，放下桌子後幾乎動彈不得，但連這一切都讓我甘之如飴。因為火車對我來說，不再單純只是交通工具，而是無比特別的存在。

就算我再怎麼想立刻飛奔到粉絲見面會會場，還是得先撐過這段時間，已經沒有其他能更快抵達的方法了，只能乖乖等待火車抵達終點站。雖然有點無奈，但接受了這理所當然的事實後，我又產生許多不同的體會。

窗外飛速掠過的風景，不知為何令人感到心曠神怡的車內空氣，在寒冬中仍耀眼溫暖的陽光，我一邊吃著便利商店買來的零食，一邊戴上耳機，跟著聽了上百遍也不厭倦的歌詞哼唱，一面瘋狂想像：「今天他會打扮得多帥呢？今天會唱什麼歌呢？今天會跟我們聊什麼呢？」不知道是不是太過激動與興奮，近三小時的路程竟然一下就過去了，這種連等待都幸福的心情如果能夠稱為愛，那我對他的感情一定就是愛沒錯。

只要是去首爾看他的演唱會、粉絲見面會或錄影，我都必須搭火車，不知不覺也對在火車上要做的事建構了一套屬於自己的ＳＯＰ。一開始是看窗外的風景發呆，沿著流向天際的江水，望向廣闊的田野，櫛比鱗次的小屋，還有偶爾相錯而過的對向列車，隨著四季變化的風景，我怎麼也看不膩。

等到看著窗外的雙眼開始發澀，我會掏出日記本，專注在自己筆下的文字，這時的我彷彿不是坐在列車座位上，而是置身在只有自己的小房間。沒有人會向我搭話，不會受到任何干擾，珍貴的小小世界。在這個空間記錄我的心情與想法，讓我樂在其中。有時候我也會拿出信紙，收件人當然總是那個人。

看完風景、寫完日記或信後，就會拿起手機滑個不停。老實說，追星的時間大概有八成都是抓著手機不放，確認有沒有新消息這件事就像呼吸一樣，就算在喝水也要搜尋看看那個人的名字，沒什麼事也要上網看推特或粉絲論壇。新專輯推出的一、兩個月內必須反覆播放新歌，也要照顧到ＭＶ的點擊率，所以追星的人總是很忙。搭火車時也不例外。在我全神貫注在手機上時，提示抵達首爾的親切音樂聲也在不知不覺間響起。

我很喜歡這種連覺都捨不得睡、充分利用零碎時間的獨處時光，雖然我也會獨自從新村閒晃到弘大，或是去景福宮散步，但印象最深刻的仍是在火車上度過的時光。也可能是因為我坐在火車上的時間比呼吸外面空氣的時間還長很多。

雖然在回程火車上，我可能會因期望過高而失落，或是玩得太瘋而疲憊，但在前往首爾的火車上，總是只有滿滿的憧憬。在那班從釜山開往首爾的列車上，我可能是最幸福的人，因為我正奔向那個會讓我無條件感到幸福的人。

＊

開始拍電影後，我又開始頻繁搭乘來往首爾與釜山的火車。當時雖然下定決心休學、搬回釜山住，但還是常去首爾拍攝。第一次的目的地是法院，那是潮濕又熱到不行的七月中，我聽說了第一次開庭的消息就去了。雖然知道法院不允許拍攝，但我還是想到開庭現場看看，拍一下前往的過程或風景也好。於是我又搭上前往首爾的列車。

可惜的是，這次前往首爾跟幾年前的心境完全相反，如果是以前那個興奮得不能自已的我，應該完全無法想像有一天會因為這種理由搭上火車。現在的我無法再以輕鬆的心情等待列車停靠終點站，只要想到下車後將面對的光景，就忍不住嘆氣。

在完全不了解旁聽相關資訊與技巧的情況下，毫無計畫就出發的我對現場情況一無所知，加上第一次正式拿攝影機，也讓我有點緊張。我那時很害怕，完全感受不到一絲激動或期待，可說是陷入絕望之中。但也不能什麼都不做，所以我不再看著窗外發愣，而是拿起攝影機來拍攝途經的風景。拍下了層層疊疊的綠樹與倒映著雲朵的河岸，拍下了密密麻麻的大樓與粗重電纜連接的電塔，還因為進入隧道時，突然變暗的玻璃窗上清晰倒映出自己而嚇了一跳。

我也延續了在車上寫點東西的習慣，但不再是彷彿手都不會痠、興奮地寫個不停的日記，也不是飽含愛意、一字一句用力寫下的信，而是拿出事先寫好的拍攝計畫，重新檢查修改，也寫下前往法院的心情。雖然只有大量的刪節號與「哎唷」、「唉」等伴隨嘆息出現的感嘆詞，但總之還是先寫再說了。我想，總會有用到的時候吧（寫電影旁白時確實有派上用場）。

我還聽了音樂來穩定心緒，搜尋有沒有新上傳的開庭相關新聞，雖然心情不一樣了，但我在火車上還是做了跟以前一樣的事。平常很懶散的我，只有搭火車時才會各種找事做，度過自己的時光，無論是以前或是現在，在窄小的位置上一刻不得閒的我依舊沒變。

有時我會把筆電拿出來放在小桌上匆忙地進行剪輯，有時候會一直待在車廂間的通道講電話、幾乎沒時間回到位置上，也拍過好幾次窗外風景。又有的時候，我會在車上快速記錄拍攝時的見聞與感想，或是補個眠。比起追星的中學時代，拍《成粉》的這段時間，我與火車一起創造的回憶變得更多了，而且還與小時候夢想過的城市——首爾，一起完成了這部電影。

*

拍完電影後雖然頻率沒有以前高，但偶爾還是需要搭火車，像是親自去送遲交的放映帶，回釜山看媽媽跟朋友，配合影展行程去釜山、大邱、木浦時也都是搭火車。每當這種時候，我都會想起那個對下車後將發生的事滿懷期待、十六歲的自己。

現在想想，無論是以什麼目的搭上火車，發生的一切都能稱作旅程，也因此，這時寫下的所有日記同時也算是遊記。對於想用遊記的感覺拍攝電影的我而言，將這個願望化為現實的同時，火車就成為相當重要的角色。如果一直為了電影《成粉》而搭火車，我這段以追星為開端的旅程，似乎暫時還不會畫下句點。

脫飯後，周邊商品怎麼處理？

糊里糊塗的脫飯後，還留著的東西其實很多。不是指留戀或憤怒那種感情，而是更具體的東西。很喜歡的話就會更想了解，了解更多就更覺得那樣很帥，覺得帥就也想要變成那樣，這是很自然的過程，在這種想要變得跟喜歡的人一樣的慾望驅使下，透過不斷努力得到的成果也是我的一部分，並不會隨脫飯而消失。因為喜歡了很久，那個人的習慣或思考方式，也內化成我的一部分，更不用說這段時間累積下來的大量回憶，並不是能簡單處理掉的東西。

*

我特別想跟大家談談關於周邊商品的話題。我是那種只要有印上那個人的臉或名字的東西都想擁有的類型，不會特別去分官方或非官方製作，所以一開始的做法其實非常幼稚。

那個人還在參加選秀節目時，因為還不算是藝人，當然也沒有什麼大量製作的周邊，但我實在太想擁有一些關於他的東西了，於是決定自己動手做。先蒐集喜歡的照片，用電腦內建的小畫家把照片全都拼貼成一張圖後，再存檔傳給朋友。因為我家沒有印表機，我善良的朋友就會假裝要印作業，然後用光她家昂貴的彩色墨水幫我把照片印出來。一張A4紙大概可以塞五、六張照片。拿到印出來的照片後，我會非常慎重地用剪刀把每張照片剪開，再把這些小張照片排列在附有磁鐵的筆筒上，經過一般苦思後才會用透明膠帶將我認為最完美的組合方式固定起來，完成貼滿歐巴照片的手工筆筒。後來我看了以一世代偶像[20]為主題的電視劇《請回答一九九七》，才知道原來二十年前也流行過把偶像照片印出來做成墊板，粉絲的想法真的不管在哪個年代都差不多，真是笑死。

那個人出道後，我的愛也變得更加熾熱。那時候很流行賣當紅偶像的名牌或粗製濫造的貼紙包，但他在我的同齡朋友中不算很受歡迎的偶像，周邊幾乎都是粉絲自行製作，像是在他的照片加上腮紅或愛心的可愛貼紙、集結美好回憶的月曆、粉絲直接拍攝的高清照片集，數十、數百種讓人光看就開心的周邊不斷湧現。不只這些，粉絲製作周邊的創意真的令人敬佩，還出過模仿那個人刺青圖案的防電磁波貼片，刻有他簽名或留言的行動電源與吉他彈

20 指活躍於一九九六到二〇〇五年年左右的偶像，代表有H.O.T.、水晶男孩、S.E.S.、FIN.K.L等。

片；以他站在舞臺上的模樣製作的印章；有他名字縮寫的手環，甚至還有手帕、抱枕、眼鏡擦拭布……總之只要可以印上標誌或照片的東西，全都能做成周邊。

這些周邊商品通常以線上販賣為主，在當時十多歲族群愛用的社群網站 Kakao Story 上經常能看到便利貼或貼紙等商品。不過，為了價值三千韓元的便利貼，還要付出同樣金額的郵資，難免有點心痛，賣家當然也明白，因此一定會問是要付三千韓元郵資寄比較安全的宅配，還是選擇只要五百韓元的平信。如果用平信，那接下來一週就得時時刻刻確認信箱有沒有來信。

舉辦演唱會或粉絲見面會時，也有可以現場購買的周邊，雖然經紀公司也會在會場販賣官方周邊，但這種現場販賣的飯製周邊不只有手燈、手幅、毛巾等現場可以拿出來用的重要物品，還會出現因為太搶手而斷貨的人氣商品庫存。大家在現場雖然是以買賣雙方的身分相見，但因為都是粉絲，對彼此又多了點情分，總是會和和氣氣的問候，還分送零食、貼紙或扇子等小禮物，表達對彼此的感激。

＊

我收藏的大量周邊也不全是自己買的，有大部分是收到的禮物，在以年長女性為主的粉絲圈中，這也是年紀小的特權。這些阿姨從來不會要我認真唸書，總是請我吃好吃的東西，送我各式各樣的周邊，那時我還會覺得阿姨們是不是都很有錢，才會買那麼多同樣的周邊，現在想想，她們應該是基於想跟大家分享美麗事物的想法才那麼做。跟同齡粉絲見面時當然也少不了周邊，我們會把一疊一百張的便條紙分拆成二十張、二十張，跟朋友交換不同花樣的便條紙，或是把蒐集來的各種貼紙包裝成一袋當作禮物。在粉絲論壇上認識的朋友即使分布全國各地，也會互相詢問地址，寄點零食或周邊之類的，彼此有來有往，這些周邊也成為粉絲間的友情象徵。

隨著粉絲的這種創作活動越加興盛，周邊數量也越來越多，加上刊載他照片、訪談的雜誌，還有每年新出的專輯，我的書櫃被塞得滿滿的。歌手出道越久，經紀公司的官方周邊也會越來越多，蒐集起來挺有趣的。不過周邊雖然各有用途，還是會怕沾上指紋，不敢輕易使用印有那個人的臉的珍貴物品，所以也有人開玩笑說，周邊都要買三個，實際用、珍藏用、炫耀用。我個人只熱衷於收藏，所以只要將它們好好陳列在書桌上就滿足了。

但我又發現了另一個事實，那就是沒什麼東西比得過親自拿到的簽名專輯，因為這樣的專輯內除了我最喜歡的歌與那個人的臉，還有他留下的筆跡。即使運氣再好也只去過幾次簽名會的我，一直到最後都萬分珍惜的就是他的親簽專輯，這是無法從任何人手中買到或得到，只有那個人能給予我的簽名專輯。而且隨心情與狀況不同，會對他的留言產生不同解讀，這也讓我覺得很有趣。在他親簽專輯的短短兩分鐘內，曾有過的對話全都歷歷在目。這是全世界獨一無二、可以說是只為我一個人製作、最棒的周邊，也是封印那些回憶的時光膠囊。

*

在電影《成粉》中有一幕是為那些對我而言一夕成為廢物的周邊舉辦告別式的場景，有很多觀眾好奇那些周邊在告別式後去了哪裡。那些已不被需要、每次看到都會讓人傻眼、其實根本不算什麼的物品，因為被賦予了太大的意義，脫飯後該怎麼處理實在是個難題。如果沒有背後那些回憶與故事，我就可以冷靜地把它們丟進垃圾桶裡嗎？不知道耶……我也不是想把它們放在顯眼處觀賞才捨不得丟，而是因為這些小東西就像是那種友情象徵，我

無法對蘊藏在那些物品中的幸福回憶視而不見。

我還好好地留著那些周邊，只是放進行李箱、收進了閣樓，我也問過自己這跟丟掉有什麼差別？不過，這些周邊的材質不只有紙或塑膠，還有很多不知名物質，燒掉會對環境產生不好的影響。我內心的另一個自我也說這個想法很正確。

我並不是還對他存有好感或抱持僥倖心理，而是無法拋棄那些飽含回憶與過往時光的周邊。每次只要有「我為什麼還留著這個」的想法，內心深處就會冒出各種理由阻止我伸向垃圾桶的手。也是因為在半脫飯的狀態下，仍對周邊戀戀不捨，這些周邊才有機會在電影中露面，這也是我第一次認為我這不乾不脆的個性還算有點用處。

因為追星而受到的影響？

人會想變得跟喜歡的人相像是很自然的事，但我可能特別嚴重。雖然我一直假裝自己很有主見、很固執，但人生至今，只要是我喜歡的人事物，我都會努力效仿。

我九歲時喜歡那時剛出道的樂團FTIsland的主唱李洪基，大概喜歡了一個月，雖然我也很喜歡他那充滿力量的嗓音與暖男長相，但他的髮型尤其深得我心，是當時最新潮的羽毛剪。雖然把認真留長的頭髮打高層次會很不好綁，但可以跟喜歡的人留同樣的髮型還是很高興，當然，這只是我一廂情願的模仿。

這種跟屁蟲行為之後也不斷上演。少女時代的〈Gee〉深受大眾喜愛時，活潑可愛的旋律搭配聽過一次就忘不了的hook[21]，再加上姐姐們清爽開朗的表情，我當時不知道重複看跟聽了多少次，到現在都還記得編舞重點跟全部的歌詞。那時幾乎算是國民大明星的少女時代，在MV及舞臺上的打扮也掀起風潮，最具代表性的就是彩色緊身褲。我跟同學每天早上在學校都會互相偷看對方的褲子顏色，為了不撞衫展開心理戰。因為先買來穿的人就可以奪得所有權，在紫色、檸檬色、紅色、淺綠色、粉紅色等令人眼花撩亂的繽紛色彩中，我搶占了薄荷綠，那時候真的覺得很好看。

就算只是這種短暫的露水情緣，我都會毫不猶豫地去做了，付出真心追星時就更不用說了，完全成為更不猶豫、更厲害的跟屁蟲！以前如果失去興趣，只要再把頭髮留長、把褲子丟了就好，但現在有些東西是丟不掉的，就算不是周邊或專輯那種能拿在手裡的東西，也很明顯還保留著。總地來說就是喜好或價值觀這類東西吧，像是穿著皮夾克、背著木吉他到處跑的這種外表的部分，還有存滿老歌的播放清單、瑣碎的說話口氣或行動，甚至是座右銘，你能想像到所有能受他影響的地方，都原封不動地保存了下來。

就算沒有喜歡過那個人，我也是有可能在某個時間點喜歡上這些東西，但因為沒經歷過，所以也不敢確定。我只要喜歡上一個人，就會很執著去探究他喜歡的一切，也因此知道了很多事、產生了夢想。有句話說，喜歡一個人就是一種增廣見聞，我真是無法再同意更多，以下就來說說幾個我受那個人影響的部分。

21 指一首歌裡最有記憶點的段落，像鉤子一樣能勾人心弦。

1. ROCK樂團

絕對不能寫成「搖滾」，一定要寫「ROCK」。那個人因為參演綜藝節目而聲名大噪，加上人氣比較高的幾首作品都是抒情歌，所以很多人不知道他其實是個Rocker。但只要是粉絲，就會知道他對ROCK的真心，是為ROCK而生的男人。

他參加選秀節目時就曾將金光石的〈化為塵埃〉改編成搖滾版，直播演出競賽的第一首歌選的是搖滾樂團TΔS的〈一天天等待〉。面臨淘汰時，他高聲吶喊「人生在世總可以失誤一次吧」、「我要唱ROCK」，選擇了韓國搖滾樂團「春夏秋冬」的〈Outsider〉。出道後，他擔任電臺DJ時，經常翻唱搖滾樂團的經典曲目，像是電臺司令的〈High & Dry〉、嗆辣紅椒的〈Californication〉、槍與玫瑰的〈Welcome to the Jungle〉、〈Knockin’ On Heaven’s Door〉等，都是我人生中初次聽到的歌。我還因為那個人說自己的偶像是科特柯本而去聽了〈Polly〉、〈Breed〉等一堆超脫樂團的歌，明明聽不懂歌詞，但都會認真的跟著哼。

因為不想想起那個人，我有好一陣子都不聽ROCK，但不知何時又開始聽了。可能是因為跟朋友聊天時脫口而出的歌名，也可能是偶然聽見了熟悉的旋律，總之我被勾起了往日回憶，又創建了一個充滿搖滾歌曲的播放清單。以前只是因為他喜歡所以我也喜歡，但現在不是了，哪裡還找得到那麼坦率又強烈、能那麼爽快的嘶吼、燃燒熱情的歌曲呢？我實在不懂ROCK為什麼在韓國被視為非主流。

仔細想想，我也有許多只屬於我、關於ＲＯＣＫ的回憶。在下雨的日子裡，我會聽槍與玫瑰的〈November Rain〉，需要勇氣時會聽邦喬飛的〈It's My Life〉，聽到電臺司令的〈Creep〉會覺得感傷，綠洲合唱團的無數名曲更是帶給我許多安慰。在電影《黑寡婦》令人印象深刻的序幕中出現〈Smells Like Teen Spirit〉時，我還以為ＲＯＣＫ終於要重新迎來全盛期了，結果也沒有，害我白興奮了一場。嗯，也無妨，我還能繼續喜歡ＲＯＣＫ就夠了。就算已經脫飯，Rock will never die!

2. 吉他

國中時，我會演奏的樂器有直笛、口琴、短蕭與陶笛，都是管樂器，基本上不可能邊演奏邊唱歌。雖然曾短暫上過鋼琴補習班，但我只記得為了早點回家而偽造練習筆記、敷衍了事的回憶。我曾經很想跟那個人一樣邊彈吉他邊唱歌，想親自演奏那個人的歌，還想著買了吉他就能嘗試作曲。想用吉他做的事實在太多了，甚至快到想當歌手的地步，幸好我還沒走到那一步。

那時的國文老師告訴我好幾場校外舉行的寫作比賽資訊，那時候我正好很喜歡寫作，沒抱太大期望的投稿卻得了部長獎，還有一百萬韓元獎金，那是我當時人生中摸過的最大一筆錢。相較於每個月不到五萬的零用錢，該用這多達數十倍的巨款做些什麼，實在讓我好生苦惱。最後決定先買一般入門用的木吉他，打算等吉他實力到達一定水準後，再買那個人用過的紫色專家用吉他。不過即使只是入門用吉他，也是我擁有過最昂貴的物品了。

我在網路上搜尋到想演奏的樂譜，但都不是五線譜而是和弦譜，根本看不懂。本來以為只要隨便彈彈，吉他就會發出特有的柔和樂音，結果完全不是這樣，必須忍著手指撕裂的痛苦，緊緊壓住嘎吱響的琴弦，才能艱難地彈出一個音。其實這也不能叫作演奏吉他，只是在「撥弦」。剛開始幾週因為對吉他的熱情還沒熄滅，還做了樂譜筆記、每天照著慢慢練習，但實在沒撐多久。如果有人早點跟我說，手指短的人彈吉他會有障礙就好了。不過，雖然我還是不會彈吉他，但我一輩子都會認為吉他是最浪漫的樂器。

3. 時尚

藝人上下班時都會做好面對記者、粉絲的準備，因為這些明星私下的穿著，免不了被記錄下來流傳許久。但那個人很不同，他穿著前往電視臺、機場、演唱會的服裝，以現在的眼光來看一定會被批評沒誠意。

那個人的夏季打扮更是到達自由奔放的頂點，縐巴巴的T恤領口鬆垮到能清楚看到鎖骨，隨意的配上短褲，露出茂盛的腿毛，再隨便套上一雙夾腳拖。雖然有點丟臉，但我以前真的很愛他這副模樣，甚至認為這才是真正的帥氣。所以我那時會穿沾到什麼也不會太明顯的深色短袖T恤，還會故意把領口扯鬆……我現在真的很後悔。故意把好好的衣服扯鬆很浪費不說，更重要的是那種風格根本完全不適合我。

那個人很愛穿皮夾克跟破洞牛仔褲，同樣也是我覬覦的目標。而且那種衣服就是要無視季節地穿才有「感覺」，這樣想的可不只有我，當時只要去粉絲聚會這類場合，就會看到不少人穿著明顯是新買的皮夾克、在寒風中瑟瑟發抖，透過牛仔褲破洞裸露在外的膝蓋也凍得發紅，但沒有人會去質疑為什麼不穿多一點出門，因為大家都懂。現在想來實在是會忍不住笑出來，路人應該會以為我們團購了皮夾克跟破洞牛仔褲吧。我現在雖然不穿破洞牛仔褲了，但看起來歷經風霜的皮夾克仍在我的願望清單上。

4. 外語

那個人曾說他能流利使用英語、華語、日語及菲律賓語，在節目上也偶爾會秀一下外語能力，例如在海外拍攝時發生問題可以輕易解決，或是流暢地與外國人溝通。我當時大概連他吃鼻屎都會覺得可愛吧，更何況是擁有那麼強的語言能力，要我怎麼不喜歡他！如果我能把不斷重播他講外語片段的時間拿來唸書，現在搞不好已經可以輕鬆運用三國語言了。

但我也不是沒嘗試過。為了成為不讓他丟臉的粉絲，成為配得上他的人，我以這樣的堅定意志下定決心開始學中文，可惜用錯了方法。與學吉他那種當興趣玩玩的方式不同，我決定去唸外語高中中文科，當時因為不想被說是被藝人影響了人生方向，還謊稱是看了大學升學率才決定的（開始追星後，說謊能力果然會自然提升）。一直到現在高中都畢業五年了，我都沒向任何人坦承過這件事，那時真是無所不用其極地在追星。

無論好的影響或壞的影響，都以某種形式保留了下來。但我並不是想為這件事表達感謝才寫這篇文章的，我曾經很苦惱那些我說過「喜歡」的東西，是不是真的都是「我」喜歡的。難道不是我在假裝跟他喜歡一樣的東西時所學來的情感嗎？我是只知道別人喜歡什麼、卻對自己真正的喜好一無所知的人嗎？那麼組成我這個人的東西，都只是從其他人身上剽竊來的？這些想法似乎也不能完全說是錯的，我無法否認我的人生曾喜歡並效仿過許多人事物，喜歡的心情被想變得相像的想法取代了的話，該怎麼辨呢。

*

只要開始追星，就會想接觸那個人的世界，深入他的世界越久，就會逐漸將那個世界裡的事物移植到自己的世界裡，開始想變得相像，開始變得相像。我也有很多部分在無意識之中受到喜歡的心情影響，才會盲目地模仿憧憬的人，或是試圖從對方身上找出像我的地方。

雖然這段追星經驗的結局並不愉快，但我不想抹去這段時光對我的影響，而且這也是不可能的事。即使一切的開端是因為那個人，我還是想說，我所經歷的一切的主角是我自己，就算沒有那個人也不會崩塌、而且會好好留下來的，是我的世界。

如果再次喜歡上某個人，我也會再從他的世界裡汲取些什麼。如此我才能一直擁有喜歡的事物，才會想一直活下去，如此誕生的我的世界，將不斷擴大。

現在還會追星嗎？

我好像從來沒有像現在一樣覺得無法從追星中得到樂趣，如果要思考自我介紹時該說自己是誰的粉絲，我能想到的都是已成為過去的名字。

撇開實體活動因為COVID-19受限超過了兩年，現在也沒有人會讓我產生想去現場看演唱會或粉絲見面會的念頭。雖然我的確在說出自己喜歡誰這件事上變得更謹慎，但其實根本沒有任何人會讓我必須努力遏制想告白的那種感情，而且已經持續好一陣子了。

多虧這部電影，我有幾次機會能以「粉絲」為主題寫作，或透過談話分享經驗，但我現在竟然已經不追星了，難道我已經變成無法喜歡上任何人的人了嗎？追星已經無法再帶給我任何樂趣了嗎？但為什麼我每天還是那麼忙，不是忙於工作，而是有太多東西要看了，很奇怪吧。但以追星的標準來說，那種關注度還不太夠，但要說我沒在追星，好像還是投注滿多時間跟感情，這到底該稱作什麼？

＊

那是二〇二一年十二月進行一場特別放映時發生的事。當時我們以開放聊天室的方式向參加ＧＶ的觀眾收集問題，突然出現一個詢問我最近喜歡什麼的訊息，我瞬間就喊出才剛喜歡三天左右的演員綾野剛的名字。話音剛落，觀眾席就開始竊竊私語，說「導演的喜好真是始終如一」……

當時我剛看完日本ＴＢＳ連續劇《ＭＩＵ４０４》後，還沒辦法出戲。這部劇是由編劇野木亞紀子執筆，我很喜歡的日劇《重版出來！》、《月薪嬌妻》、《法醫女王》都出自她筆下，所以一開始就很期待，看了之後更是深陷其中。看這部日劇時，我也喜歡上偶爾看起來像笨蛋、但擁有野性直覺的警視廳機動搜查隊刑警伊吹藍，飾演這個角色的演員正是綾野剛。就這樣，對伊吹的好感轉移到了演員本人身上，我開始尋找各種他的訪談與軼事，越了解就越欽佩他總是能以踏實又慎重的態度面對演員的工作，每部作品都有新的嘗試，能展現各種不同的演技，相當值得尊敬。

綾野剛以演員身分活動至今近二十年，幾乎沒有空白期，甚至近期每年會演出多達四、五部影視作品，加上宣傳作品的採訪或上電視節目，粉絲可以看的各種精神糧食簡直多到不行。他如此不眠不休的工作，那我當然也得不眠不休地看呀。但即使我已經馬不停蹄的看了

《最完美的離婚》、《深深地戀愛》、《新聞記者》跟《產科醫鴻鳥》，也還不及他演出作品的十分之一，我怎麼會因為喜歡上這個大叔，就開始過從早上睜眼到晚上入睡都在看劇跟電影的日子呢。

當然這也是有好處的啦，我開始可以聽得懂一點日語，還下定決心要好好學一下。不過，被過剩「糧食」淹沒的我似乎有點忘記怎麼喘息了，最近就決定暫時跟他保持一下距離，所以如果要說這是在追星，好像有點不太對。因為我對這排山倒海而來的大量作品不但不覺得感謝，還有點招架不住，不到幾個月就宣布要休息。說不定我喜歡的並不是演員綾野剛，而是劇中的角色「伊吹藍」。

因為沒辦法擺脫看電影時感受到的些微壓力，我從一年多前開始更喜歡在家裡看劇，三個月就看了十五部之多，還有五部是正在播出的，得每週跟看。看各種戲劇作品可以讓我找回安定，可以提升戰鬥力，產生更努力生活的念頭，也可以認識許多帥氣的演員，明明是件好事，問題在於我是那種一旦開始就要一口氣看到最後的個性。

國內電視臺的迷你影集大概是十二到十六集，最近ＯＴＴ平臺的原創影集則是六到十集，如果全數上架，我就會一次看完，最多也要三天內看完才甘心。如果實在是太好奇下集內容，當然會忍不住一直看下去，但我是就算嘟噥著無聊，還是會下意識地繼續看，感覺有種無論多無聊，都要在短時間內趕快看完的勝負欲。因為這種不必要的執著，我犧牲了睡眠、也失去了健康，時間在沒日沒夜狂看劇中流逝，其實滿痛苦的。

後來我訂了一個「飯劇」的規則，也就是只有在家吃飯時才能看劇，一天大概只能看一集。如果這是我跟自己的約定，一定很快就會破戒，但加上與姐姐之間的道義就不會有這種問題了。也就是說，當其中一個人先看了下一集，就無法兩個人一起享受這部劇，所以不管再想看都要忍住。就這樣，許多作品成為我們用餐時光的陪伴，像是《來自星星的你》、《駭人怪物》、《直到瘋狂》、《實習醫生》、《七個祕書》、《我男人的女人》、《少年法庭》等，族繁不及備載。還有JTBC的連續劇《具景伊》，李英愛、金慧埈、金海淑、郭善英，這些我喜歡的演員在劇中有不少戲分，劇情也有爆點又精采。有看過沉迷於酒精與遊戲的前偵探李英愛嗎？還有躲在甜美笑容背後的殺人魔金慧埈！真要說《具景伊》有什麼缺點，那就是十二集實在太少了。

所以我找到了，長達五十四集，可以看英愛姐姐很久很久的連續劇——《大長今》。雖然各位可能會想說怎麼會講到這裡來，但別太驚訝，我真的重看了一次大長今，畢竟我小時候的記憶只有這部劇的主題曲〈呼喚〉，對劇情一點印象都沒有。這個決定無疑是自掘墳墓，因為《大長今》裡登場的人物每天都要面對各種意想不到的問題，是一部會讓人好奇到不行、絕對停不下來的劇！例如昨天還受盡寵愛的長今，今天卻被趕出宮，剛剛還開心地烹調料理的長今，突然失去了味覺等，每一集結束的點都恰好定格在絕妙的畫面上，接著響起片尾曲〈呼喚〉。明明是首充滿感情的歌，這時候聽起來卻有點討厭。

徐長今不得安寧的每一天，實在令人無法輕易關上螢幕暫停，但一次看完五十四集對我也是不可能的任務。要不是跟姐姐約好只能在吃飯時慢慢追，我搞不好又會衝動地展開「連續五十四小時不休息追劇大挑戰」。不過，因為《大長今》成了我們的「飯劇」，我開始理解那種想慢慢享受喜歡事物的感覺了。我曾想過瞞著姐姐偷偷先看，再假裝自己沒看過，但最後還是想讓《大長今》帶給我的緊張感與樂趣延續得久一些。多虧《大長今》那難以輕易踰越的時間障礙，我好像學會如何慢慢享受那種即將到來的幸福。等全部看完，我一定要去韓國民俗村玩。

＊

總之現在的我好像是個劇迷，寫這篇文章時我仔細想了想，我根本算是中毒了吧，但為什麼我對自己是劇迷這件事毫無自覺呢？雖然自稱是「粉絲」根本不需要什麼了不起的經歷，但我也不知道為何要如此小心翼翼。

如果要說這跟以前追星比起來的差別，大概就是畫清了「狂熱」與「稍微關心」的界線，可是，喜歡的心情怎麼能分多寡呢？最近最讓我快樂的事就是看劇，花最多時間的也是